A ESSÊNCIA DO
Apocalipse

EDITORA AFILIADA

Os Objetivos, a Filosofia e a Missão da Editora Martin Claret

O principal Objetivo da **Martin Claret** é continuar a desenvolver uma grande e poderosa empresa editorial brasileira, para melhor servir a seus leitores.

A Filosofia de trabalho da **Martin Claret** consiste em criar, inovar, produzir e distribuir, sinergicamente, livros da melhor qualidade editorial e gráfica, para o maior número de leitores e por um preço economicamente acessível.

A Missão da **Martin Claret** é a de conscientizar e motivar as pessoas a desenvolver e utilizar o seu pleno potencial espiritual, mental e social.

A **Martin Claret** está empenhada em contribuir para a difusão da educação e da cultura, por meio do livro popular, usando todos os canais ortodoxos e heterodoxos de comercialização.

A **Martin Claret**, em sua missão empresarial, acredita na verdadeira função do livro: o livro muda as pessoas.

A **Martin Claret**, em sua vocação educacional, deseja, por meio do livro, claretizar, otimizar e iluminar a vida das pessoas.

Revolucione-se: leia mais para ser mais!

COLEÇÃO PENSAMENTOS E TEXTOS DE SABEDORIA

A ESSÊNCIA DO
Apocalipse

A ESSÊNCIA DA SABEDORIA DOS GRANDES GÊNIOS DE TODOS OS TEMPOS

MARTIN CLARET

A ARTE DE VIVER

Créditos

© *Copyright* Editora Martin Claret, 2003

**IDEALIZAÇÃO E
REALIZAÇÃO**
Martin Claret

CAPA
O Juízo Final, Capela Sistina,
Vaticano, Michelangelo
(Ver pág. 141)

MIOLO
Revisão
Rosana Citino

Direção de Arte
José Duarte T. de Castro

Digitação
Conceição A. Gatti Leonardo

Editoração Eletrônica
Editora Martin Claret

Fotolitos da Capa
OESP

Papel
Off-Set, 70g/m²

Impressão e Acabamento
Paulus Gráfica

EDITORA MARTIN CLARET
R. Alegrete, 62 – Bairro Sumaré – São Paulo-SP
CEP 01254-010 - Tel.: (11) 3672-8144 – Fax: (11) 3673-7146
www.martinclaret.com.br

Agradecemos a todos os nossos amigos e colaboradores — pessoas físicas e jurídicas — que deram as condições para que fosse possível a publicação deste livro.

Este livro foi impresso no inverno de 2003.

A ARTE DE VIVER

Seja profeta de si mesmo

Martin Claret

"A função derradeira das profecias não é a de predizer o futuro, mas a de construí-lo."

Somos criaturas programáveis

C aro leitor: não é por acaso que você está lendo este livro-clipping. Nada acontece por acaso. Tudo acontece por uma causa.

Possivelmente a causa de você o estar lendo seja a sua vontade de obter mais informações ou expandir a sua consciência. A causa, também, pode ser a força da minha mentalização.

Cientistas, antropólogos, psicólogos e educadores têm afirmado que o ser humano é uma criatura culturalmente programada e programável.

Eis aí uma grande verdade.

Seu *hardware* e seu *software*

Nosso cérebro e nosso sistema nervoso — o nosso hardware *(a máquina) — é mais ou menos igual em todas as pessoas. A grande diferença que faz a diferença* é o que está gravado ou programado no cérebro, isto é, o nosso software *(o programa)*.

Explicando de uma maneira extremamente simplificada, você tem três tipos de programação: 1ª- a programação genética (o instinto); 2ª- a programação sóciocultural (família, amigos, escola, trabalho, líderes espirituais e políticos, livros, cinema, TVs, etc.); 3ª- a autoprogramação ou a programação feita por você em você mesmo.

Na primeira programação você não tem nenhum controle; na segunda, tem controle parcial; e na terceira programação você tem controle total.

É fundamental que você saiba, conscientemente, controlar o terceiro tipo de programação, ou seja, a autoprogramação.

Um método de autoprogramação humana

Todos os livros-clippings *da coleção* Pensamentos de Sabedoria *foram construídos para conduzir você a se autoprogramar para um estado de ser positivo, realístico e eficiente.*

Depois de longa pesquisa e vivência — análise e intuição — concluí que há, e sempre houve, um método simples e seguro de autoprogramação.

As informações adquiridas através da leitura de "historinhas", parábolas, fábulas, metáforas, aforismos, máximas, pensamentos, etc., podem, eventualmente, atingir seu subconsciente sem passar pelo crivo do consciente analítico e bloqueador. Esta prática permite, sem grande esforço, implantar em seu sistema automático perseguidor de objetivos uma programação incrivelmente podero-

sa e geradora de ação.

Sabemos — o grande objetivo da educação não é apenas o saber, *mas a* ação.

Um dos maiores Mestres de nosso tempo e um gênio na Arte de Viver, formalizou com incrível simplicidade este princípio quando ensinou: "Pedi e vos será dado; buscai e achareis; batei e vos será aberto. Pois todo o que pede, recebe; o que busca, acha; e ao que bate, se abrirá".

Hoje, em plena era da informática, com a conseqüente revolução da comunicação, estamos compreendendo esses eficientes recursos que temos inerentemente dentro de nós.

Um livro "vivo" e motivador

A coleção Pensamentos de Sabedoria *foi idealizada e construída para nos programar (autoprogramar) para a plenitude da vida. São 72 volumes de 112/ 128 páginas, no formato de bolso 11,5 x 18 cm com textos essencializados, de alta qualidade gráfica, periodicidade mensal, baixo custo e distribuição em nível nacional.*

Este livro começa onde o leitor o abrir. Ele não tem início nem fim. Pode continuar na nossa imaginação.

A essência da sabedoria dos grandes mestres espirituais, líderes políticos, educadores, filósofos, cientistas e empreendedores está aqui reunida de uma maneira compacta e didaticamente apresentada.

Buscamos a popularização do livro.

A foto e o pequeno perfil biográfico do autor de cada pensamento têm a função de facilitar a visualização do leitor. As "historinhas", ou "cápsulas" de informação, estão apresentadas com extrema concisão. As principais emoções e os mais importantes assuntos do conhecimento humano estão presentes nos 72 volumes. Cada título da coleção Pensamentos de Sabedoria *é um livro "vivo", motivador e transformador. Oferecemos o livroterapia.*

Uma paixão invencível

Minha permanente paixão cultural (já o disse em outros trabalhos) é ajudar as pessoas a se auto-ajudarem. Acredito ser esta minha principal vocação e missão. Quero "claretizar" as pessoas, ou seja, orientá-las no sentido de que vivam plenamente e tenham uma visão univérsica do mundo. Que sejam e que vivam harmonizadamente polarizadas.

Você tem o poder de genializar-se.

Este é o meu convite e o meu desafio lançado a você, leitor. Participe do "Projeto Sabedoria" e seja uma pessoa cosmo-pensada e auto-realizada.

"Pensar que É faz realmente SER".

Leitor amigo: vamos, juntos, construir uma poderosa força sinérgica para o nosso desenvolvimento pessoal e para o desenvolvimento de todas as pessoas de boa vontade.

Comece rompendo seus limites, modelando os grandes gênios. Visualize-se como já sendo "um vencedor do mundo".

Seja profeta de si mesmo.

A ARTE DE VIVER

NOSTRADAMUS (Michel de) - Médico e escritor francês dedicado também à Astrologia e ocultismo, nascido em St. Rémy de Provence. É considerado "o rei entre os profetas", em razão de suas muitas profecias, que têm atravessado os tempos, com espantosa semelhança entre os fatos acontecidos e as previsões por ele feitas.
Entre suas obras, o *Livro das Profecias* é o mais célebre.
(1503-1566)

"
Deus imortal e os anjos bons concederam aos profetas o poder da predição.
"

A ARTE DE VIVER

O autor do *Apocalipse*

Eugênio Corsini

O *Apocalipse* é um dos poucos escritos do Novo Testamento que traz o nome do seu autor: chama-se João (cf. 1,1 4 9; 21,2; 22,8). A tradição cristã dos primeiros séculos, de modo quase unânime, o identificou com o apóstolo predileto de Jesus, ao qual já eram atribuídos outros escritos que também entraram como parte do cânon neotestamentário: o quarto evangelho e as três cartas.

Quanto a isso, porém, parece ter havido algumas opiniões discordantes. Essas opiniões, na verdade, não devem ter sido muitas, porque o historiador Eusébio, colecionador atento e não de todo desinteressado pelos elementos desfavoráveis a esse livro, consegue citar apenas duas: a do presbítero romano Gaio (início do século 3) e a de Dionísio, bispo de Alexandria (pela metade do século 3). O primeiro atribuía o *Apocalipse* ao obscuro herege Cerinto, fundador de uma seita chamada de ebionitas, um nome que é parafraseado como "pobres (de Cristo)". O outro, ao invés, sem tomar decididamente uma posição sobre o problema, insiste muito sobre a existência em Éfeso, na era subapostólica, de um outro João, distinto do apóstolo, dando a entender que este poderia ser o autor do livro. Sabemos por outras fontes que o *Apocalipse* também foi rejeitado pelo herege Marcião, por considerá-lo por demais ligado e favorável ao Antigo Testamento.

Opiniões isoladas e relativamente tardias, como podemos ver. Não sabemos sobre quais bases o presbítero Gaio fundamentava a atribuição do *Apocalipse* a Cerinto. Sua opinião tem aspecto polêmico. Com efeito, ele também rejeitava a origem apostólica dos outros escritos joaninos para combater os montanistas, pois estes fundamentavam essencialmente nesses escritos a pregação da "nova profecia", isto é, da revelação contínua e generalizada. Quanto a Dionísio, como já mostramos, ele não toma uma posição clara sobre o problema, limitando-se a semear dúvidas. Recorda a opinião da atribuição a Cerinto, mas apenas para refutá-la; fala de um "outro" João, mas não chega a atribuir-lhe com segurança a paternidade do livro; insiste sobre o caráter obscuro e incompreensível do livro, mas não nega a sua inspiração; sublinha as diferenças lingüísticas e estilísticas entre o *Apocalipse* e os outros escritos joaninos, mas, ao chegar à conclusão, limita-se a colocar perguntas.

O que é claro na posição de Dionísio é a sua oposição irredutível ao milenarismo, isto é, à crença num reinado final de Cristo, de caráter temporal e material. Ele parece compreender que as concepções milenaristas, ao menos naquele tempo e naquele ambiente, apoiavam-se no *Apocalipse*. Mas compreende-se de maneira também mais clara que, no que se refere à origem apostólica do livro e à sua autoridade, Dionísio se encontra diante de uma tradição suficientemente compacta e difícil de atacar.

Uma posição que, em resumo, é também a de Eusébio na *História Eclesiástica*, onde se encontra um complicado dossiê de testemunhos sobre o *Apocalipse*. Em relação a Dionísio, talvez Eusébio seja mais explícito ainda na atribuição do livro ao "outro" João, que ele chama de João, "o presbítero", baseando-se num testemunho de Papias. Todavia, também ele não rejeita a autoridade e o caráter inspirado do *Apocalipse*, porque o utiliza com bastante freqüência sem reservas. Mas também em Eusébio é evidente certa desconfiança, devida provavelmente às mesmas razões, uma vez que ele também combate o milenarismo. Na sua luta talvez não sejam estranhos até mesmo motivos de natureza política. O milenarismo, com efeito, com sua expectativa de um reinado final de Cristo, chegava a esvaziar de sentido também o império cristão de Constantino, incluindo-o na ordem antiga, provisória e de natureza má, destinada à destruição. Coisa não muito do estilo de Eusébio, que era fautor entusiasta da ordem constantiniana.

Como podemos ver, o problema do autor (e as outras confrontações e limites) tem origem relativamente tardia e, já no seu aparecimento, é condicionado por certas interpretações que se fazem do texto e por preocupações de outra natureza, doutrinal ou política. Um fato que Eusébio, mais inteligente do que seu inútil apologeta hodierno, nem sequer se empenha muito em esconder. No entanto, o problema não se deslocou um centímetro sequer dos termos que resultam do seu dossiê: João apóstolo, ou João, "o presbítero"? Semelhança ou diferença, no plano formal e conceitual, entre o *Apocalipse* e os outros escritos joaninos? Um texto milenarista ou não?

Também no que se refere às conclusões, estamos quase no mesmo ponto daquela época, sem que se tenha chegado a provas decisivas num ou noutro sentido. A grande maioria dos estudiosos é hoje a favor de João apóstolo, ao contrário do que acontecia há pouco tempo atrás. Todavia, o mais significativo é que o problema do autor parece hoje ter perdido a importância. Talvez estejamos um pouco cansados de toda a interminável discussão em base a dados tão incertos e fugidios, e tenhamos começado a compreender que isso, afinal de contas, não tem um valor decisivo e em quase nada contribui para a compreensão do texto.

O debate sobre o problema do autor, como se pode ver, não deixou de ter conseqüências sobre outros problemas que tradicionalmente estão ligados ao estudo do *Apocalipse:* a data de composição e a unidade da obra. Mas também sobre esses pontos não é difícil ver como tanto a impostação quanto a solução dos problemas sejam governadas por esta ou aquela interpretação do texto, a qual assume as funções de pressuposto.

(In: *O Apocalipse de São João,* Eugênio Corsini, Edições Paulinas, São Paulo, 1984.)

A ARTE DE VIVER

TEILHARD DE CHARDIN - Teólogo, cientista, matemático, filósofo e geólogo francês. É um dos expoentes da teologia contemporânea, que se destacou, também, em outros campos científicos, e como escritor. Na Filosofia, apresentou teorias mescladas de espiritualidade e ciência, porém suas teorias filosóficas desagradaram à Igreja Católica, que proibiu a leitura de seus livros. Somente após sua morte é que suas obras foram reconhecidas pelo Vaticano. Entres seus livros o que mais se destaca é *O Fenômeno Humano*. (1881-1955)

> *O passado me revelou a construção do futuro.*

A ARTE DE VIVER

Apocalipse

Larousse Cultural

APOCALIPSE s.m. (Do gr. *apocalypsis*, revelação.) **1.** Gênero literário do judaísmo dos séculos 2 e 1 a.C. e do cristianismo primitivo que tratou, de uma maneira convencional e simbólica, dos destinos da humanidade e do povo de Deus. — **2.** Linguagem obscura, sibilina. — **3.** *Besta do Apocalipse*, monstro simbólico que tem um importante papel no Apocalipse de São João.

• ENCICL. Nos séculos 2 e 1 a.C. desenvolveu-se no judaísmo, dando continuidade ao gênero profético, uma abundante literatura que descrevia, através de uma forma convencional e misteriosa aos não-iniciados, a instauração do reino messiânico e o fim dos tempos; p.ex., o livro bíblico de Daniel, o livro de Enoc e outros escritos de Qumrã. Também o cristianismo primitivo produziu apocalipses, dentre eles, o Apocalipse de São João.

Apocalipse, de São João, o único apocalipse que a Igreja inseriu no cânon dos textos bíblicos (Novo Testamento). Redigido no final do reino de Domiciano (81-96), é um conjunto de visões simbólicas que anuncia aos cristãos perseguidos o triunfo de Cristo sobre os poderes do mal. — **Iconogr.** Algumas escolas de miniatura da alta Idade Média ilustraram os apocalipses; a escola espanhola, marcada por influências árabes, produziu, com o comentário do monge Beato, os de Gerona (975), de Santo Isidoro de Léon, de Silos (1109), etc. (BEATUS); no sudoeste da França, a mesma tradição produziu o *Apocalipse de São Severo* (1028). As obras-primas sobre este tema são, no séc. 14, a série de tapeçarias de Angers (TAPEÇARIAS DO APOCALIPSE) e, no séc. 15, o Apocalipse de Dürer, série de 14 gravuras sobre madeira (1498).

Apocalipse *(tapeçarias do)*, no castelo de Angera, conjunto de tapeçarias com figuras, sete peças totalizando 107m de comprimento e reunindo 69 cenas (mais de 80 originalmente). Executadas, a partir de 1377, pelo tapeceiro parisiense Nicolas Bataille, para Luís I de Anjou, com base em cartões, de Jean de Bruges, pintor de Carlos V.

Apocalipse *(Apocalypse Now)*, filme norte-americano de Francis Ford Coppola (1979), o mais controvertido do diretor, uma transposição do romance *O coração da treva*, de Joseph Conrad, para o cenário da Guerra do Vietnã. Sem ser um discurso explícito, é um questionamento lúcido e raivoso, cujas imagens delirantes expõem a loucura de uma guerra absurda. Dividiu a Palma de Ouro (Festival de Cannes, 1979) com *O tambor*, de Volker Schlondorff.

APOCALÍPTICO adj. (Do gr. *apokalyptikos.*) Relativo aos apocalipses em geral, ou ao Apocalipse de São João. II *Estilo apocalíptico*, estilo obscuro, excessivamente alegórico.

(In: *Grande Enciclopédia Larousse Cultural*, Vol. II, Nova Cultural, São Paulo, 1998.)

A ARTE DE VIVER

ALBERT SCHWEITZER - Filósofo, escritor, teólogo, musicólogo, conferencista, organista, médico e missionário, nascido em Kaysersberg, na Alsácia Superior Francesa. Foi considerado "o maior homem vivo" pelo cientista Albert Einstein e pela revista *Time*. Em 1952, recebeu o prêmio Nobel da Paz. É mais conhecido como missionário; por mais de cinqüenta anos cuidou dos doentes negros em Lambarene, na África Equatorial Francesa. Entre suas obras, destacam-se *Filosofia da Cultura I e II* e *Jean Sebastian Bach, le musicien poéte*. (1875-1965)

> **Vivemos em uma época perigosa — o homem domina a natureza antes que tenha aprendido a dominar-se a si mesmo.**

A ARTE DE VIVER

Poder na era da informação

Dr. Ômar Souki

Uma antiga lenda japonesa relata que o poder da deusa do sol se manifesta através de três símbolos: espada, diamante e espelho. A espada simboliza a violência; o diamante, o dinheiro; e o espelho, a sabedoria. Durante nossa evolução, cada uma dessas formas de poder teve seu apogeu.

Quando dependíamos principalmente dos frutos da terra, vivíamos no que se chamou de era da agricultura. Durante essa fase, que durou até a Revolução Francesa, em 1789, a forma predominante de poder era a violência. A violência foi sucedida pelo dinheiro na era industrial, período que começou com a Revolução Francesa e que teve seu ápice na metade do século 19, com a Revolução Industrial. A partir da década de 70, com a popularização dos computadores, a forma dominante de poder passou do dinheiro para o conhecimento, e a humanidade entrou na era da informação.

Essas formas de poder têm qualidades variáveis. A violência tem baixa qualidade; o dinheiro, média; enquanto o conhecimento se caracteriza por sua alta qualidade. Todo poder exercido através da violência é precário e dura pouco. O domínio que os conquistadores exerceram sobre os índios durou enquanto existiam índios. E com relação aos escravos trazidos da África, o domínio sobre eles cessou depois da abolição da escravatura.

O poder exercido através do dinheiro é bem mais sofisticado que o da violência, mas também limitado. Os jornais noticiam casos de suborno e corrupção no mundo da política. Tanto no Brasil como em outros países, tomamos conhecimento de concorrências públicas fraudadas devido ao suborno de autoridades por empreiteiras poderosas. O poder exercido pelo dinheiro nesses casos e em muitos outros é apenas temporário, pois uma vez descobertas, tais práticas perdem sua eficácia.

Também no campo individual o poder do dinheiro tem limites. Por exemplo, uma pessoa pode se ver inclinada a exercer uma profissão de que realmente não gosta só pelos altos rendimentos conseguidos. Nesse caso, o dinheiro exerce poder sobre a pessoa. Esse poder logo se esvai quando a pessoa descobre que, devido ao estresse daquele trabalho enfadonho, desenvolveu uma úlcera crônica.

Ao contrário da violência e do dinheiro, o poder do conhecimento é ilimitado. Quanto mais utilizado, mais se multiplica. Os japoneses, na década de 60, copiavam os produtos importados de forma rudimentar. Durante essa fase de cópia, os produtos japoneses eram considerados de baixa qualidade. No processo de copiar, eles também conseguiram desenvolver novos conhecimentos, principalmente nas áreas da eletrônica e da indústria automotiva. Hoje são líderes mundiais em ambos os setores. Em suma, o conhecimento chegou ao Japão através de produtos importados e se transformou e ampliou à medida que tais produtos eram produzidos lá.

O conhecimento também se amplia quando utilizado pelo indivíduo. Quando você lê um livro e depois discute os temas abordados com seus amigos, logo percebe que seu conhecimento sobre o tema aumenta. Isso ocorre muito com os professores. No meu caso, quando apresento as tecnologias avançadas da neurolingüística noto que, ao responder as perguntas dos alunos, aparecem *insights* inovadores a respeito desses mesmos assuntos. De todos os instrumentos de poder, o conhecimento é o único que se amplia à medida que é compartilhado. Quanto maior o número de pessoas que partilham de meus conhecimentos de neurolingüística, maior é o meu poder de transformação do mundo ao meu redor.

(In: *ACORDE! Viva Seu Sonho!*, Dr. Ômar Souki, Editora EKO, Blumenau, 1995.)

Ilustração: Gustave Doré

A ARTE DE VIVER

Apocalipse
A Bíblia de Jerusalém
Novo Testamento

Introdução

O termo "apocalipse" é a transcrição duma palavra grega que significa revelação; todo apocalipse supõe, pois, uma revelação feita por Deus aos homens de coisas ocultas e só por ele conhecidas, especialmente de coisas referentes ao futuro. É difícil definir exatamente a fronteira que separa o gênero apocalíptico do profético, do qual, de certa forma, ele não é mais que um prolongamento; mas enquanto os antigos profetas ouviam as revelações divinas e as transmitiam oralmente, o autor de um apocalipse recebe suas revelações em forma de visões que ele consigna num livro. Por outro lado, tais visões não têm valor por si mesmas, mas pelo simbolismo que encerram; pois num apocalipse tudo ou quase tudo tem valor simbólico: os números, as coisas, as partes do corpo e até as personagens que entram em cena. Ao descrever uma visão, o vidente traduz em símbolos as idéias que Deus lhe sugere, procedendo então por acumulação de coisas, cores, números simbólicos, sem se preocupar com a incoerência dos efeitos obtidos. Para entendê-lo, devemos, por isso, aprender a sua técnica e retraduzir em idéias os símbolos que ele propõe, sob pena de falsificar o sentido de sua mensagem.

Os apocalipses tiveram grande êxito em certos ambientes judaicos (inclusive entre os essênios de Qumrã) nos dois séculos que precederam a vinda de Cristo. Preparado já pelas visões de profetas como Ezequiel ou Zacarias, o gênero apocalíptico desenvolveu-se no livro de Daniel e em numerosas obras apócrifas escritas em torno da era cristã. O Novo Testamento guardou em seu cânon apenas um Apocalipse, cujo autor menciona seu próprio nome: João (1,9), exilado, no momento em que escreve, por causa de sua fé em Cristo. Uma tradição, representada já por São Justino e amplamente difundida no fim do séc. 2 (S. Irineu, Clemente de Alexandria, Tertuliano, o Cânon de Muratori), identifica-o com o apóstolo João, autor do quarto evangelho. Mas até o séc. 5, as igrejas da Síria, Capadócia e mesmo da Palestina não parecem ter incluído o Apocalipse no cânon das Escrituras, prova de que não o consideravam obra de um apóstolo; certo Caio, sacerdote romano do começo do séc. 3, chegou a atribuí-lo ao herege Cerinto, mas sem dúvida por razões polêmicas. Por outro lado, se o Apocalipse de João apresenta um parentesco inegável com os outros escritos joaninos, também se distingue claramente deles, por sua linguagem, seu estilo e por certos pontos de vista teológicos (referentes sobretudo à Parusia de Cristo), a tal ponto que se torna difícil afirmar que procede imediatamente do mesmo autor. Não obstante tudo isso, sua inspiração é joanina, e foi escrito por alguém do círculo de discípulos imediatos do apóstolo, e está impregnado de seu ensinamento. Não se pode duvidar de sua canonicidade. Quanto à data de composição, admite-se bastante comumente que tenha sido composto durante o reinado de Domiciano, pelo ano 95; outros, e não sem alguma probabilidade, crêem que pelo menos algumas partes já estariam redigidas desde o tempo de Nero, pouco antes de 70.

Seja que optemos pelo tempo de Domiciano ou pelo de Nero, é indispensável, para bem compreender o Apocalipse, recolocá-lo no ambiente histórico que lhe deu origem: um período de perturbações e de violentas perseguições contra a Igreja nascente. Pois, do mesmo modo que os apocalipses que o precederam (especialmente o de Daniel), e nos quais manifestamente se inspira, é um escrito de circunstância, destinado a reerguer e a robustecer o ânimo dos cristãos, escandalizados, sem dúvida, pelo fato de que uma perseguição tão violenta se tenha desencadeado contra a Igreja daquele que afirmara: "Não temais, eu venci o mundo" (Jo 16,33). Para levar a efeito seu plano, João retoma os grandes temas proféticos tradicionais, especialmente o do "Grande Dia" de Iahweh (cf. Am 5,18+): ao povo santo, escravizado sob o jugo dos assírios, dos caldeus e dos gregos, dispersado e quase destruído pela perseguição, os profetas anunciavam o dia da salvação, que estava próximo, quando Deus viria libertar o seu povo das mãos dos opressores, devolvendo-lhe não apenas a liberdade, mas também poderio e domínio sobre seus inimigos, que seriam por sua vez castigados e quase destruídos. No momento em que João escreve, a Igreja, o novo povo eleito, acaba de ser dizimada por uma sangrenta perseguição (13;6,10-11;16,6;17,6), desencadeada por Roma e pelo império romano (a Besta), mas por instigação de Satanás (12;13,2-4), o Adversário por excelência de Cristo e do seu povo. Uma visão inaugural descreve a majestade de Deus que reina no céu, dono absoluto dos destinos humanos (4), e que entrega ao Cordeiro o livro que contém o decreto de extermínio dos perseguidores (5); a visão prossegue com o anúncio de uma invasão de povos bárbaros (os partos), com seu tradicional cortejo de males: guerra, fome e peste (6). Os fiéis de Deus, porém, serão preservados (7,1-8; cf 14,1-5), na espera de gozar no céu de seu triunfo (7,9-17; cf 15,1-5). Entretanto, Deus, que quer a salvação dos pecadores, não vai destruí-los imediatamente, mas lhes enviará uma série de pragas para adverti-los, como havia feito com o Faraó e os egípcios (8-9; cf. 16). Esforço inútil: por causa de seu endurecimento, Deus destruirá os ímpios perseguidores (17), que procuravam corromper a terra induzindo-a a adorar Satanás (alusão ao culto dos imperadores da Roma pagã); seguem-se uma lamentação sobre Babilônia (Roma) destruída (18) e cantos de triunfo no céu (19,1-10). Uma nova visão retoma o tema da destruição da Besta (a Roma perseguidora), realizada desta vez pelo Cristo glorioso (19,11-21). Então tem início um período de prosperidade para a Igreja (20,1-6), que terminará com um novo assalto de Satanás contra ela (20, 7s), o aniquilamento do Inimigo, a ressurreição dos mortos e seu julgamento (20,11-15) e finalmente o estabelecimento definitivo do Reino celeste, na alegria perfeita, depois de ter sido aniquilada a morte (21,1-8). Uma visão retrospectiva descreve o estado de perfeição da nova Jerusalém durante seu reinado sobre a terra (21,9s).

Esta é a interpretação histórica do Apocalipse, seu sentido primeiro e fundamental. Mas o alcance do livro não se detém aí, pois trata de valores eternos sobre os quais se pode apoiar a fé dos fiéis de todos os tempos. Já no antigo Testamento, a confiança do povo santo estava baseada na promessa de Deus de permanecer "com o seu povo "(cf. Ex 25,8+), presença que significava proteção contra os inimigos para realizar a salvação. Também agora, e de um modo muito mais perfeito, Deus está com seu novo povo, que ele uniu consigo na pessoa do seu Filho, o Emanuel (Deus conosco); e a Igreja vive desta promessa de Cristo ressuscitado: "Eis que estou convosco todos os dias, até o fim do mundo " (Mt 28,20). Sendo assim, os fiéis nada tem a temer; mesmo que tenham de sofrer momentaneamente pelo nome de Cristo, obterão a vitória definitiva contra Satanás e todas as suas maquinações.

Em seu estado atual, o texto do Apocalipse apresenta um certo número de duplicações, de cortes na seqüência das visões, e de passagens aparentemente fora do contexto. Os comentadores tentaram explicar essas anomalias de múltiplas maneiras: compilação de fontes diferentes, deslocamento acidental de certas passagens ou capítulos, etc.

A parte propriamente profética (Ap 4-22) parece ser composta de dois Apocalipses distintos, escritos pelo mesmo autor em datas diferentes, e depois unidos num só texto por outra mão. Os dois textos primitivos abarcariam as seções seguintes:

	Texto I	Texto II
Prólogo: o livrinho devorado		10,1-2a.3-4.8-11
Satanás contra a Igreja	12,1-6.13-17	12,7-12
A Besta contra a Igreja		13
Anúncio e preâmbulos do Grande Dia da ira	4-9;10,1.2b. 5-7;11,14-18	14-16
O Grande Dia da ira: Apresentação de Babilônia	17,1-9.15-18	17,10.12-14

	Texto I	Texto II
Queda de Babilônia	18,1-3	(cf. 14,8)
Os eleitos preservados		18,4-8
Lamentação sobre Babilônia	18,9-13,15-19.21.24.	18,14.22-23
Cantos de triunfo	19,1-10	18.20
		(cf. 16,5-7)
O reino messiânico	20,1-6	
O combate escatológico	20,7-10	19,11-21
O Julgamento	20,13-15	20,11-12
A Jerusalém futura	21,9-22,2	21,1-4;22,3-5;
	e 22,6-15	21,5-8;
Apêndice: As duas testemunhas		11,1-13.19

Quanto às cartas às sete Igrejas (1-3), embora destinadas a ser lidas junto com os outros dois textos, devem ter existido primeiro na condição de texto separado.

Tal suposição não consegue levar-nos à evidência. Ela inspirou as grandes divisões inseridas abaixo, no texto do livro, mas não o detalhe da anotação, de modo que o leitor pode dedicar-se a uma leitura seguida do Apocalipse, sem se preocupar com os dois textos primitivos, deixando-se cativar pela profusão, complicada, mas possante, de imagens com que o autor apresenta sua mensagem de certeza e de esperança. O sacrifício do Cordeiro conquistou a vitória decisiva, e sejam quais forem os males que sofre a Igreja de Cristo, ela não pode duvidar da fidelidade de Deus até a hora em que o Senhor virá, "em breve"(1,1;22,20). O Apocalipse é a grande epopéia da esperança cristã, o canto de triunfo da Igreja perseguida.

(In: *A Bíblia de Jerusalém - Novo Testamento,* Edições Paulinas, São Paulo, 1981.)

A ARTE DE VIVER

HERÓDOTO - Historiador grego, nascido em Halicarnasso. Deixou extenso legado histórico sobre os povos da antiguidade. Segundo consta, desde jovem Heródoto desenvolveu o talento literário, lendo os clássicos gregos e toda a literatura existente até então. Para escrever sua obra histórica entrevistou magos, consultou livros, ouviu depoimentos, viajou por vários lugares, observou a vida nas várias regiões que visitou. Pelas informações que transmitiu em sua obra, sem as quais a maior parte dos povos da antiguidade não seria conhecida, Heródoto é considerado o "pai" da História. (490-425 a.C.)

> *O destino do homem está em sua própria alma.*

A ARTE DE VIVER

Cristianismo

Enciclopédia Abril

O nome "cristãos" foi dado pela primeira vez aos discípulos de Jesus quatro anos após sua morte, em Antioquia, na Síria (Bíblia, Atos dos Apóstolos, capitulo XI, versículo 26). Isso porque eles afirmavam que Deus tinha feito Jesus ressuscitar e o tinha declarado Senhor e *Cristo* (At.2,36), nome que significa Ungido. É o equivalente de *Messias,* o salvador que os judeus esperavam. A profissão de fé inicial dos cristãos era: "Jesus é o Cristo". Portanto, *cristianismo* significa: a mensagem a respeito da pessoa e dos ensinamentos de Jesus, a aceitação dessa mensagem como norma de vida e, enfim, o próprio movimento histórico que se originou em Jesus, o Cristo.

A primeira crise de identidade do cristianismo deu-se em relação ao judaísmo. Jesus era judeu, sempre viveu entre seu povo e freqüentou suas sinagogas e o Templo. Escolheu seus discípulos entre eles. No entanto, as autoridades judaicas, vendo em sua doutrina uma novidade radical, julgaram que Jesus representasse um perigo e condenaram-no à morte. Os apóstolos, por sua vez, começaram anunciando a seus irmãos judeus a *boa notícia* (o Evangelho) da ressurreição de Jesus. Muitos acreditaram: formou-se uma comunidade que sendo perseguida em Jerusalém, dispersou-se e anunciou por toda parte o Evangelho. Para sua surpresa, inclusive não-judeus deram sua adesão.

E a conversão destes trouxe à tona o dilema fundamental do início do cristianismo: deviam eles ser obrigados a observar as prescrições da religião judaica ou não? O cristianismo continuava a ser judaísmo? Jesus fora somente um prolongamento da história de Israel ou instaurava novo regime nas relações com Deus? A comunidade cristã terminou considerando-se a autêntica continuadora do Povo de Deus, mas reconhecendo que Deus estabelecera uma nova Aliança que os libertava das tradições e da lei judaicas.

Como os apóstolos freqüentavam o Templo de Jerusalém, provavelmente até sua destruição, no ano 70, ainda podiam-se encontrar ali alguns judeus-cristãos. Mas, desde o início, os cristãos tiveram atritos por causa do Templo. Estêvão, por exemplo, foi apedrejado por ter dito: "Deus não habita em obras de mãos humanas" (At.7,48). Para os cristãos, a presença de Deus se dá na própria comunidade. Ela é o Templo de Deus, que substitui o de Jerusalém, sobretudo quando se reúne para celebrar a Ceia do Senhor. A Eucaristia passa a ser o ponto alto da oração dos cristãos. No cristianismo não há mais lugar para a repetição de sacrifícios: a morte do Cristo é o único sacrifício da nova Aliança, rememorado na celebração eucarística.

Acima da lei, amor e liberdade

O cristianismo considera que a salvação esperada pelos judeus realizou-se em Jesus Cristo. E, para se beneficiarem com a redenção, os primeiros cristãos explicitaram sua originalidade face ao judaísmo. Duas interpretações se confrontaram. Os judaizantes julgavam que a adesão a Jesus requeria a observância da Lei de Moisés e a prática dos costumes judaicos (sobretudo o da circuncisão). O cristianismo seria o prolongamento homogêneo do judaísmo. Os outros, ao contrário, argumentavam que o homem não se justifica pelas obras da Lei, mas, sim, pela fé em Jesus Cristo (Gal.2,15). Por isso, não fazia sentido obrigar os não-judeus à observância da Lei. Mesmo os judeus-cristãos deviam cuidar para não confiar mais nas obras do que na fé. A Lei indica o caminho, mas não dá forças para segui-lo. Em vez de apoiar-se na prática da Lei, o homem precisa abrir-se para o Espírito Santo, pois só este o conduz para o Pai. A condição do cristão não é a escravidão da Lei, mas a plena liberdade dos filhos de Deus (Rom.8; Gal.5). Onde está o Espirito há liberdade (2 Cor. 3,17).

Esta posição prevaleceu. De fato, ela correspondia melhor às atitudes de Jesus, que resumiu a Lei a dois preceitos: amar a Deus e ao próximo (Mt.22, 36-40). Os fariseus, seita de estrita observância da Lei, receberam as mais duras críticas de Jesus (Mt.23). Pretender, como eles, ter cumprido à risca todos os preceitos, é considerar-se justo perante Deus e fechar-se para o perdão e o amor. E o ensinamento de Jesus resume-se no amor: pouco antes de morrer, ele disse que ia entregar sua vida por amor. Era este o exemplo que deixava para os seus.

Desligando-se da Lei e do Templo, o cristianismo extrapolou o nacionalismo judaico. A antiga Aliança fora feita com um povo, com uma raça. A nova não se prende a qualquer limite, é universal. Cristo envia seus discípulos a todas as nações (Lc. 24,47). Perante Deus "não há judeu nem grego, escravo nem livre, homem nem mulher: todos são um só em Cristo Jesus" (Gal.3,28). A unidade não se fundamenta na raça: "Há um só corpo e um só Espírito, como fostes chamados a uma só esperança, um só Senhor, uma só fé, um só batismo, um só Deus e Pai de todos" (Ef.4,4-6).

Conscientes da superação do princípio de unidade cultural, os cristãos sentiram-se como um povo de um novo tipo. Utilizaram (para se designar) o termo "igreja" que, originalmente, significa assembléia, reunião. Cristãos são, pois, todos aqueles que, independentemente de sua raça ou condição social, respondem à convocação de Deus através de Jesus Cristo.

Desde o início de sua vida pública, Jesus escolheu doze discípulos. Deu-lhes uma formação especial para que constituíssem o núcleo do "novo Israel", com o qual Deus realizaria outra Aliança. Conferiu--lhes certos poderes (Jo.20,22) e mandou que fossem suas testemunhas até os confins da Terra (At.1,8). Após sua morte, os apóstolos lançaram-se a essa missão: deram seu testemunho por toda parte; formaram comunidades; e exerceram sua autoridade para resolver os problemas surgidos e para orientar os destinos da comunidade universal que se formava aos poucos.

Ao mesmo tempo que se distingue do judaísmo, o cristianismo, ao confrontar-se com as outras religiões, quer situar-se em continuidade com a história do povo hebreu. Em primeiro lugar, recusa categoricamente todo politeísmo, indo ao encontro do monoteísmo judaico, fruto de longos séculos de experiência religiosa: inicialmente os judeus acreditavam que cada povo tinha seu Deus, mas que o deles era o mais forte; com o tempo, os profetas purificaram essa fé, fazendo ver que os outros deuses não passavam de ouro e prata, obra de mão humana — só podia existir um único Deus, o Criador do céu e da terra, que os escolhera para ser seu povo.

Jesus apresenta-se como enviado por esse Deus único. Mas chama-o de "meu Pai" e escandaliza os judeus assumindo atitudes que seriam próprias de Deus: perdoa os pecados, afirma-se superior ao Templo. Além disso, fala do Espírito como de alguém que vai continuar sua missão: "O Espírito Santo que o Pai enviará em meu nome vos ensinará todas as coisas" (Jo.14,26). Estas e outras palavras de Jesus levaram os cristãos a uma convicção: Jesus não utilizou apenas uma metáfora. Ele revelou o mais profundo mistério da vida íntima de Deus. O Pai, Criador do universo, Jesus Cristo, seu Filho feito homem, e o Espírito Santo, conservando os três as suas características distintivas, merecem o nome de Deus. Sem prejuízo, no entanto, da unidade divina: o cristianismo continua a professar o monoteísmo herdado do judaísmo, mas afirma que Deus é trino (sem deixar de ser uno).

A consciência histórica é outro aspecto em que o cristianismo prolonga o judaísmo. As religiões dos povos vizinhos idolatravam as forças da natureza ou as virtudes e vícios humanos. O tempo para elas não comportava um passado e um futuro: a vida dos homens consistia em repetir indefinidamente o que aconteceu no "tempo primordial", na história dos deuses. O Deus de Israel, ao contrário, faz-se presente na história dos homens. A profissão de fé israelita era histórica (Deut.26,5-10); referia-se aos acontecimentos marcantes da origem do povo (a aliança com

Abraão, a libertação do Egito, a posse da terra prometida). Os judeus acreditavam que Deus sempre conduzira sua vida política. Sua fé comportava duas dimensões: crer nos favores concedidos no passado e esperar a nova intervenção de Deus, que conduz seu povo para a felicidade plena. A esperança fundamental do povo de Israel era o reino definitivo de Deus a ser instaurado pelo Messias.

Jesus iniciou sua pregação anunciando a chegada desse Reino de Deus (Mc.1,15). Os apóstolos custaram a compreender a perspectiva de Jesus, pois imaginavam uma manifestação espetacular de Deus. O próprio Jesus, aliás, sofreu a tentação de realizar o seu messianismo em outros moldes (Mt.4,1-11), mas optou pela obediência à vontade do Pai. Era o Messias prometido, mas era também o servo sofredor anunciado por Isaías, que salvaria seu povo pelo sofrimento e que, por isso, seria rejeitado e condenado. Depois da ressurreição, os discípulos pensaram ter chegado a hora de restaurar o reinado de Israel (At.1,6). Gradativamente, porém, foram percebendo o sentido e o alcance do que acontecera com seu Mestre. Jesus não viera inaugurar o Reino de Deus pelos métodos humanos do poder, mas por sua paixão e morte libertara os homens da escravidão do pecado dando-lhes a possibilidade de chegar à intimidade do amor com o Pai.

Essa salvação realizada por Cristo recebe no cristianismo o nome de Redenção. Na interpretação cristã, ela constitui o ponto central da história da humanidade. Como no judaísmo, a fé cristã refere-se a fatos passados, mas abre-se para o futuro através da esperança na plena efetivação do Reino de Deus. Longe de ser apenas um corpo de doutrina intemporal, o cristianismo é uma fé na entrada do absoluto de Deus na relatividade da história, em vista de transformá-la numa grande caminhada para a plena realização da humanidade em Cristo.

Crendo que a presença eficaz de Deus na história não dispensa a colaboração humana, o cristianismo participou, desde então, de todos os reveses, transformações e oscilações da humanidade. Sua influência exerceu-se na vida dos mais diferentes povos.

Roma: integração do cristianismo

De início, a relação entre os cristãos e o Império Romano foi de hostilidade: já no ano 68, Nero decretou uma perseguição sistemática contra eles. Até o início do século 4, muitas outras se sucederam, alternando-se com períodos de paz. A acusação era de descrença por não adorarem os deuses de Roma nem admitirem a divindade do imperador. Na realidade, os cristãos rejeitavam não o poder civil, mas o politeísmo. Essa distinção parecia ruinosa para o Império, pois lhe solapava os fundamentos. Mesmo perseguidos, os cristãos estabeleceram um diálogo com a cultura greco-romana.

Houve aqueles que condenaram toda filosofia como estultice e falsidade. Mas — de uma forma ou de outra — os pensadores cristãos exprimiram sua fé segundo os conceitos e nos termos da cultura ambiente. Operou-se assim uma espécie de simbiose entre o pensamento greco-romano e a concepção cristã do mundo.

Pelo Edito de Milão, em 313, o Imperador Constantino concedeu a liberdade religiosa (como se revelara inútil pretender sustar o crescimento do cristianismo, era mais vantajoso fazer dele a religião oficial). Para quem fora perseguido, era maravilhoso: "Acreditar-se-iam transportados ao Reino de Deus", como escreve Eusébio.

Construíram-se e sagraram-se, então, igrejas mais grandiosas que o Templo de Jerusalém. Os bispos receberam privilégios e honras. Foram chamados "pontífices", nome dado aos sacerdotes romanos. Como no judaísmo, os vasos sagrados eram de ouro e as vestes sacerdotais de linho e seda. Festas populares foram cristianizadas, como a do "Sol renascente" que se tornou Natal, comemoração do nascimento de Jesus. O cristianismo, portanto, foi assimilado pela cultura romana e assumiu-a em muitas de suas manifestações, tanto eruditas como populares. Previamente, porém, submeteu-as ao crivo da crítica religiosa, de modo a excluir toda e qualquer significação formalmente politeísta da antiga religião.

Processo semelhante de assimilação cultural deu-se com todas as civilizações onde o cristianismo se enraizou de fato. Ao contrário, quando não houve essa aculturação, como na Índia e na China (onde os missionários cristãos quiseram introduzir um cristianismo ocidentalizado), a tentativa resultou em fracasso e o cristianismo não se implantou definitivamente. A diversidade cultural é o primeiro fator de uma pluralidade de formas concretas de cristianismo. Conservando sua identidade como movimento histórico iniciado por Jesus Cristo, e como portador de uma mensagem sobre Deus e sobre o homem, o cristianismo assumiu fisionomias culturais diversas conforme foi vivido por povos latinos ou orientais, anglo-saxões, germânicos ou eslavos.

Outra razão de diversidade provém das divisões internas da Igreja. Motivos de ordem doutrinal, política ou cultural levaram os cristãos à discordância na própria interpretação do fato cristão e da mensagem de Jesus Cristo, chegando às conseqüentes condenações recíprocas. Assim é que, no século 11, depois de longos séculos de desentendimento, as Igrejas do Ocidente e do Oriente romperam sua comunhão, guardando cada uma sua maneira de interpretar e de viver o cristianismo. No século 16, o cisma produziu-se no Ocidente. As igrejas católica e protestante separaram-se por não concordarem quanto a uma revisão da interpretação tradicional do cristianismo, especialmente no que se refere ao lugar e função da igreja no plano divino e ao seu papel nas relações entre o homem e Deus.

O filho do homem

Segundo a doutrina que fundou, Jesus Cristo é o filho de Deus feito homem para sacrificar-se pela humanidade (que sua morte redimiria do pecado original).

Jesus nasceu em Belém, possivelmente quatro ou cinco anos antes do que se convencionou chamar de *era cristã* (isso porque o início dessa época foi fixado seiscentos anos mais tarde, por Dionísio, o Pequeno). Sabe-se, em confirmação dessa hipótese que ele nasceu antes que Herodes, o Grande, morresse, o que se deu no ano 749 da contagem romana (que corresponde ao ano 4 a.C. da cronologia atual).

Pouco se sabe de sua infância e juventude — após seu nascimento e uma discussão que, com aproximadamente doze anos, manteve com sábios religiosos, a Bíblia só volta a falar de Jesus quando, já com cerca de 30 anos, ele recebe de João Batista o batismo nas águas do Jordão. Foi então publicamente reconhecido por alguns como o Messias, o salvador que fora prometido pelos profetas. Batizado, Cristo permaneceu algum tempo no deserto (onde teria sido tentado a renunciar à sua tarefa). Depois disso reuniu, entre trabalhadores de seu povo, doze discípulos que deveriam prosseguir seus ensinamentos após sua morte.

Assim, no ano 28, Jesus começa a pregar, sobretudo na Galiléia, tendo estado também na Judéia. Fez cinco viagens a Jerusalém, sempre por ocasião das festas religiosas de seu povo. Na primeira delas (Páscoa de 28), expulsou do templo os mercadores, açoitando-os.

Os constantes atritos entre as idéias e interpretações defendidas por Cristo e a mentalidade de sua época acabaram levando-o à cruz (segundo o cristianismo, para que se cumprisse a profecia).

Cristo teria morrido em 7 de abril de 30, ressuscitando no dia 9. Contudo, há também quem situe sua morte no ano de 29 ou mesmo em 33. (Neste último caso, a era cristã teria se iniciado com seu nascimento.)

(In: *Enciclopédia Abril*, Vol. 3, Editora Abril, São Paulo, 1975.)

Pentecostes

"O júbilo no céu. Depois disto ouvi no céu uma voz possante, como de grandes multidões, bradando: 'Aleluia! A salvação, a glória e o poder competem ao nosso Deus! Verdadeiros e justos são os seus juízos'."

Ilustração: Gustave Doré

A ARTE DE VIVER

Algumas orientações fundamentais na minha interpretação do Apocalipse

Pablo Richard

1. O Apocalipse nasce em tempos de perseguição; mas, sobretudo, em situações de caos, de exclusão e de opressão constante. O Apocalipse, em tais situações, permite à comunidade cristã reconstruir sua esperança e sua consciência. O Apocalipse transmite uma espiritualidade de resistência e orienta a organização de um mundo alternativo. O Apocalipse é um livro libertador e cheio de esperança; sua utopia é histórica e política.

2. O Apocalipse representa um movimento importante nas origens do cristianismo, que fundamenta suas raízes na história do povo de Israel e no movimento profético-apocalíptico no qual nasce o movimento de Jesus, a missão apostólica e as primeiras comunidades cristãs. O Apocalipse recolhe e transforma as tradições apocalípticas judaicas e judaico-cristãs, e cumpre na Igreja uma função crítica e de resistência frente à helenização do cristianismo e a sua institucionalização autoritária e patriarcal. O olvido do Apocalipse tornou possível, ao longo do tempo, a integração da Igreja ao sistema imperial dominante e a construção de uma Cristandade autoritária. Recuperar o Apocalipse é recuperar uma dimensão fundamental do movimento de Jesus e das origens do cristianismo. O Apocalipse não é um livro isolado, próprio de uma minoria sectária ou desesperada, mas um livro universal que clama por uma reforma radical da Igreja e por uma nova forma de ser cristão no mundo.

3. A escatologia do Apocalipse realiza-se fundamentalmente no tempo presente. O fato central que transforma a história é a morte e ressurreição de Jesus. O Apocalipse não está orientado para a "segunda vinda de Jesus" ou para o "fim do mundo", mas está centralizado na presença poderosa de Jesus ressuscitado, agora, na comunidade e no mundo. Sua ressurreição transforma o presente num *Kairos:* momento de graça e de conversão; tempo de resistência, de testemunho e de construção do Reino de Deus. A mensagem central do Apocalipse é: se Cristo ressuscitou, o tempo da Ressurreição e do Reino de Deus começou.

4. O Apocalipse é um livro histórico. A história neste livro possui duas dimensões: uma visível e empírica (que o autor chama "terra"), e outra dimensão profunda e transcendental (que o autor denomina "céu"). Há uma só história, que se realiza simultaneamente no céu e na terra. Deus e o Messias ressuscitado atuam em nossa história, libertando-nos da opressão e da morte e construindo um mundo alternativo. A utopia do Apocalipse não se realiza além da história, porém além da opressão e da morte, num mundo novo, onde a glória de Deus se torna visível sobre toda a terra. Esta utopia transcendental e libertadora do Apocalipse pode ser antecipada na história presente, e desde já orienta todo o nosso pensamento e toda a nossa ação.

5. O Apocalipse é revelação (desocultamento) da presença transcendental e libertadora de Cristo ressuscitado na história. O Apocalipse é cólera e castigo para os opressores, porém Boa-Nova (Evangelho) para os excluídos e oprimidos pelo Império da Besta. O Apocalipse é o oposto daquilo que hoje chamaríamos ideologia (que oculta a opressão e legitima a dominação). O Espírito do Apocalipse resume-se no grito de Jesus:

Pai, Senhor do céu e da terra, eu te louvo porque *ocultaste* estas coisas aos sábios e aos inteligentes e as *revelaste* à gente simples (Mt 11,25).

O Apocalipse é a Revelação de Deus no mundo dos pobres, dos oprimidos e dos excluídos.

6. O Apocalipse se expressa através de mitos e de símbolos. O mito é histórico e busca identificar e mobilizar a comunidade em situações de caos, de opressão e de exclusão. O mito reconstrói a consciência coletiva e a práxis social do povo de Deus. O mito é polissêmico (possui muitos sentidos) e está sempre disponível a novas interpretações. O Apocalipse cria mitos libertadores e subverte os mitos dominantes. O Apocalipse nos ensina a descobrir o poder dos mitos.

7. As visões no Apocalipse transmitem uma convicção fundamental e uma certeza histórica. As visões não só devem ser interpretadas, mas também contempladas e transformadas em ação. A visão transmite força e expressa uma espiritualidade histórica. A visão é também memória e *parenesis* (exortação). A visão, finalmente, desenvolve a imaginação criativa do povo e a busca de alternativas.

8. O ódio e a violência que aparecem em certos

textos do Apocalipse expressam a situação-limite de extrema opressão e angústia em que vive a comunidade. O Apocalipse reproduz esses sentimentos para provocar em seus ouvintes uma catarse (desabafo e purificação) e assim transformar seu ódio em consciência. A violência no Apocalipse é mais literária que real: Jesus ressuscitado aparece como um cordeiro imolado; seu triunfo está na cruz; os mártires derrotam Satanás com seu Testemunho; Jesus derrota os reis da terra com sua Palavra. A práxis apocalíptica é a força do Espírito, a força da consciência, o poder dos mitos, do Testemunho e da Palavra (o que hoje chamaríamos a força espiritual dos oprimidos e sua estratégia de não-violência).

9. O Apocalipse de João une Apocalipse e Profecia. Os mitos e símbolos que utiliza não são representações estáticas e definitivas da realidade, mas instrumentos e critérios para um discernimento profético da história. O Apocalipse chama para a conversão e oferece uma salvação universal. O Apocalipse não é um livro de arquétipos absolutos e de dicotomias maniqueístas, mas uma reconstrução do Êxodo no coração do Império Romano. O livro do Apocalipse, com seu Espírito profético, modera e transforma os movimentos apocalípticos radicais.

10. O Apocalipse une escatologia e política, mito e práxis, consciência e transformação histórica. O Apocalipse não é somente visão, catarse ou protesto. A história não está unicamente nas mãos de Deus. Não há passividade ou ausência de prática no Apocalipse. Os mártires, os profetas, os que não adoram a Besta nem a sua imagem, e nem aceitam a sua marca, fazem realmente a história: derrotam Satanás, destroem os poderes do mal, provocam um terremoto na

Babilônia e reinam sobre a terra. No Apocalipse há uma construção do futuro, entretanto esse futuro pode ser antecipado e construído no presente. No Apocalipse há a análise da realidade e nos é dado o material e a inspiração para a construção de uma sociedade alternativa. O Apocalipse nos proporciona uma chave decisiva para a transformação da história. O contexto histórico fundamental do Apocalipse é o enfrentamento econômico, político, cultural, social e religioso do Povo de Deus e da comunidade cristã com o Império Romano e com as forças sobrenaturais do mal.

11. O Apocalipse deve ser entendido dentro do contexto histórico no qual nasceu (Ásia Menor — final do primeiro século), e deve ser interpretado com o Espírito com que foi escrito (cf. *Dei Verbum*, n° 12). O Apocalipse não é um livro abstrato, universal e eterno, igualmente válido para todas as épocas e para todos os lugares. Tampouco contém em forma cifrada e enigmática a história desde João até o fim do mundo; nem é um noticiário do futuro, tampouco ficção científica. Rejeitamos toda interpretação fundamentalista, dispensacionalista ou neoconservadora do Apocalipse. Procuramos interpretá-lo positivamente em seu sentido literal e histórico, porém, ao mesmo tempo, intentamos interpretar o tempo atual à luz do Apocalipse, que é o que chamamos o sentido espiritual das Escrituras.

(In: *Apocalipse - Reconstrução da Esperança*, Pablo Richard, Editora Vozes, Rio de Janeiro, 1996.)

A ARTE DE VIVER

JOSÉ DA SILVA MARTINS - Escritor e empresário, nascido em Braga (Vila Verde), Portugal. Por vários anos foi presidente de importante indústria francesa no Brasil. Está no *Guiness Book*, o livro dos recordes, como o escritor brasileiro mais idoso, por publicar seu primeiro livro, *Sabedoria e Felicidade*, aos 84 anos de idade. É autor, também, dos livros: *Santo Antônio de Lisboa, de Coimbra, de Pádua e de Todo o Mundo* e *Bach, sua Vida e o Cravo Bem-Temperado*. (1898 -   )

"

Os planetas, as estrelas, os sóis têm, no cosmos, seus nascimentos e suas mortes. Constantemente, em milhões, bilhões, trilhões de anos, mundos nascem e mundos morrem. Também a Terra, e o Sol que lhe dá vida, terão o seu epílogo. Só existe a eternidade para Deus e para o nosso Espírito.

"

Evangelho

Nova Enciclopédia Barsa

Para os primeiros cristãos, o Evangelho (em grego, "boa nova") não era um livro, mas a mensagem da salvação obtida pela morte e ressurreição de Jesus, o Messias (em grego, *Christos*, "Ungido").

O termo Evangelho logo passou a designar o livro que estampava aquela mensagem de salvação e, a partir do século 2, passou a ser usado também no plural. O fragmento de Muratori, o mais antigo índice do Novo Testamento, refere-se a "quatro livros de um só Evangelho"; Santo Irineu fala do "Evangelho tetramorfo (em forma quádrupla); São Justino menciona as "lembranças dos apóstolos que se denominam Evangelhos". As citações, sobretudo na liturgia, fazem referência direta ao Evangelho no singular, e especifica os quatro autores: "Leitura do Santo Evangelho segundo são...".

A exegese moderna concentrou-se nas peculiaridades de cada um dos autores. Com isso, a interpretação dos textos se tornou mais rica e abriu a possibilidade de nuances distintivas.

Gênese literária. Segundo Lucas (capítulos 9 e 10), durante sua vida pública Jesus começou a treinar seus discípulos para o anúncio da Boa-Nova. Enviou-os, dois a dois, para falarem em toda parte sobre a vinda do reino de Deus e para curarem os enfermos. Sem dúvida, contaram para o povo tudo o que sabiam sobre a pessoa de Jesus, sua mensagem e suas obras. Desde o Pentecostes, os apóstolos propagaram a mensagem da vitória de Jesus, na ressurreição. O primeiro discurso de Pedro (At 2,22-24) já contém o esquema básico de um Evangelho.

Dentro de poucos decênios, em muitas cidades da Palestina e da diáspora, houve uma vigorosa formação de comunidades cristãs, de judeus e de gentios, cada uma com suas tradições particulares, mas também com muitos contatos mútuos, pelas freqüentes viagens dos apóstolos e dos primeiros cristãos. Nessas comunidades fez-se uma catequese cada vez mais sistemática e estereotipada. Certas narrativas, como a história da paixão e coleções de *logia* (palavras) de Jesus já começaram a ser registradas por escrito.

Mateus, um dos doze apóstolos, foi o primeiro a elaborar, em aramaico, para os judeus cristãos da Palestina, uma obra mais abrangente e sistemática. Esse texto perdeu-se, depois de traduzido para o grego. Houve também outra coleção de *logia* de Jesus, de autor desconhecido e não contida no Mateus em aramaico. A obra também se perdeu, mas foi usada tanto por Lucas como pelo redator definitivo do Mateus em grego.

Sob influência do Mateus em aramaico, Marcos redigiu em Roma o Evangelho pregado por Pedro, provavelmente entre os anos 64 e 70. Havia tradições sobre o nascimento e a infância de Jesus, bem como uma tradição joanina, independente das guardadas em Mateus, Marcos e Lucas (os Evangelhos sinópticos, assim chamados porque, por sua semelhança, permitem uma visão de conjunto). Não se sabe quando essas tradições começaram a ser registradas por escrito. O Mateus em aramaico, depois de traduzido para o grego, foi enriquecido por outras fontes, orais e escritas. O resultado final foi o atual Evangelho de Mateus, grande obra de catequese sistemática.

Lucas escreveu seu Evangelho para o mundo helenista, depois de longos anos em companhia de Paulo, conforme é relatado nos Atos dos Apóstolos. Conheceu também profundamente as tradições palestinenses, bem como a joanina e a pregação de Pedro. Utilizou o Evangelho de Marcos e o Mateus em grego. Fez um grande trabalho de compilação erudita, em estilo muito pessoal, embora de modo geral conservasse delicadamente a linguagem de suas fontes.

O quarto Evangelho remonta certamente a uma testemunha ocular da vida de Jesus. Muitos elementos do livro indicam que o autor é o apóstolo João. Até que ponto ele mesmo escreveu ou ditou o texto, é discutível. Alguns arranjos e acréscimos à redação definitiva parecem ser obra de discípulos. João enriqueceu os Evangelhos sinóticos em muitos detalhes, e mesmo na grande linha da história da vida pública de Jesus. Muitas vezes, completa-os propositadamente, mas procura sobretudo revelar o sentido espiritual dos fatos narrados. A obra, em sua forma atual, deve ter sido composta antes do final do século 1, em Éfeso, um dos mais importantes centros intelectuais e espirituais da época.

Evangelho de Marcos. O conteúdo do Evangelho de Marcos obedece a um esquema bem simples. Primeiro, a multidão recebe favoravelmente Jesus, mas seu messianismo humilde e espiritual decepciona as expectativas populares e o entusiasmo arrefece.

Jesus afasta-se da Galiléia, para se dedicar à formação de um pequeno grupo de discípulos fiéis, que lhe declaram adesão incondicional. A partir desse momento, tudo se orienta para Jerusalém, onde, após uma oposição cada vez mais acirrada, se desenrola o drama da paixão, coroado finalmente pela resposta divina da ressurreição e pela missão confiada aos apóstolos de levar o Evangelho "a toda criatura".

Marcos tem um estilo realista; quando narra um acontecimento, fixa-se nos sentimentos das pessoas e em detalhes minúsculos, até ingênuos, que depois seriam omitidos pelos outros evangelistas: a cura do cego é gradual, e no princípio ele só via os homens "como árvores andando". A manifestação de Jesus como Messias e como Filho de Deus é também gradual. No começo, o próprio Jesus impõe segredo aos discípulos e aos demônios para que não o proclamem, pois sua paixão é necessária. Quanto à linguagem, trata-se de um grego bastante rude. Sua sintaxe é muito simples e o texto é eivado de semitismos e latinismos.

Evangelho de Mateus. O traço dominante do Evangelho de Mateus é seu caráter didático, sistemático. Mais do que narrar, ele pretende instruir. Atribui o máximo peso às palavras de Jesus, que ele agrupa em cinco discursos ou sermões, acompanhados de igual número de narrativas. A obra toda, porém, é composta como um grande drama em sete atos sobre a vinda do "Reino dos Céus", isto é, de Deus: 1) Sua preparação, na pessoa de Jesus menino (capítulos 1-2); 2) a promulgação do programa do Reino: o sermão da montanha. 3) Jesus como novo Moisés, (3-7) a pregação por discípulos, escolhidos, ensinados e enviados por Jesus (8-10); 4) os obstáculos que o

Reino encontra, seu caráter humilde e escondido (11 13,52); 5) os inícios do Reino na comunidade dos discípulos (13:54-18:35); 6) a crise que prepara os acontecimentos definitivos da vinda do Reino (19-25); 7) a paixão e morte de Jesus, seu triunfo pela ressurreição (26-28).

A cada passo, Mateus sublinha que tudo aconteceu "para que se cumprisse" o que fora anunciado pelos profetas. Esse "cumprir" não significa que aconteceram fatos previstos concretamente e preditos literalmente pelos profetas. Significa que em Jesus, o Messias, as esperanças, promessas e prefigurações do passado foram levadas à plenitude e realizaram-se de uma maneira que superou todas as expectativas. O texto foi considerado como o Evangelho por excelência da igreja, não só porque ela o empregou mais que os outros na liturgia, mas também porque encontrou nele, de maneira mais clara, a base de sua missão e as normas para seu proceder.

A tradição fala de um texto original em aramaico, mas deste não restou nenhum fragmento ou citação. A crítica protestante nega a existência desse texto, a menos que se tratasse de uma mera coleção de frases de Jesus. Em todo caso, o texto grego atual seria uma refundição, e não tradução, do original aramaico.

Os críticos não conseguiram estabelecer com exatidão a data do texto grego. Alguns o situam antes do ano 70, outros entre 70 e 80. Tampouco existe acordo sobre os destinatários desse Evangelho. Alguns crêem tratar-se de judeus-cristãos perante os quais Mateus destaca a figura de Jesus como legislador — novo Moisés — que promulga a nova lei no sermão da montanha (novo Sinai). Outros opinam que se trata de gentios convertidos ao cristianismo. Ambas as tendências ressaltam o caráter universal do texto, que ultrapassa o limite legal e geográfico do judaísmo e que se expressa tão claramente em seus últimos versículos: "Toda a autoridade sobre o céu e sobre a terra me foi entregue. Ide, portanto, e fazei que todas as nações se tornem discípulos (...) E eis que eu estou convosco todos os dias até a consumação dos séculos!" (Mt 28:1 9-20).

Evangelho de Lucas. Apresentada com um elegante prólogo, conforme o modelo da historiografia grega, e introduzida pelo chamado "Evangelho da infância" (capítulos 1-2), o Evangelho de Lucas divide-se em três partes: 1) atividade de Jesus na Galiléia (3-9;50); 2) o caminho para Jerusalém (10-18); 3) Jesus em Jerusalém; paixão e morte; ressurreição. Lucas, portanto, segue o esquema simplificado de Mateus e Marcos. No "caminho para Jerusalém", ele insere artificialmente um grande conjunto de textos, principalmente palavras de Jesus, que não se encontram nos demais Evangelhos.

Lucas destaca propositadamente os aspectos mais atraentes da personalidade de Jesus: seu amor, sua delicadeza e compaixão pelos pobres, as crianças, as mulheres, os pecadores, como nas parábolas do bom samaritano, do amigo importuno, da ovelha perdida, do filho pródigo. Ressalta a piedade, a oração, a alegria nascida da fé, a ação do Espírito Santo.

Evangelho de João. Em geral o Evangelho de João omite ou resume o que os outros evangelistas já haviam relatado (por exemplo, o processo de Jesus diante do sinédrio). Por isso, difere bastante dos outros três. De outro lado, acrescenta muitos pormenores que não se encontram nos demais Evangelhos, como o episódio de Jesus diante de Anás (18: 19-24). Assim, João enriquece bastante os dados históricos e completa muitos dados topográficos e cronológicos, entre eles a duração da vida pública de Jesus, que nos outros Evangelhos parece incluir apenas uma páscoa, ao passo que João relata três.

Além de mais histórico, o Evangelho de João é também o mais "teológico". Alguns trechos parecem ser antes inspiradas meditações posteriores do evangelista sobre a mensagem e a pessoa de Jesus, do que citações de suas palavras. A revelação da missão, origem e natureza profunda de Jesus começa no encontro com João Batista, e chega ao auge no fim de sua vida.

No centro da perspectiva está a tríade morte-ressurreição-ascensão. O que precede é o "dia" de Jesus: toda a sua atividade pública, que mostra ser ele o Messias, o enviado do Pai. Depois do "dia" segue a "hora" da morte e glorificação, seu "ir ao Pai", revelando quem Ele é e salvando os que crêem nele. Os milagres ou "obras" de Jesus são chamados "sinais". Ao mesmo tempo que significam a vinda do Reino de Deus, já são o início de sua realização. Neles, o Reino já está presente. A salvação, a "vida eterna" já começou a se realizar, pela fé, na pessoa de Jesus e na sua missão.

Evangelhos apócrifos. Além dos quatro Evangelhos canônicos — expressões autênticas da fé da igreja — existem outras narrativas sobre a vida de Jesus, que foram consideradas apócrifas (na terminologia católica) ou pseudo-epigráficas (na protestante). Entre elas figuram o Evangelho de Tomé, o de Pedro, o dos hebreus e o Evangelho árabe da infância de Jesus.

Os dois principais critérios para o reconhecimento universal dos quatro Evangelhos foram a ortodoxia doutrinal — pois alguns dos outros relatos estavam influenciados pelas heresias gnósticas — e a conformidade com o esquema básico da pregação apostólica, segundo o texto de Marcos: paixão e ressurreição de Cristo, precedidas pelo relato de seus atos e sua pregação.

(In: *Nova Enciclopédia Barsa*, Vol. 6, Encyclopaedia Britannica do Brasil Publicações, São Paulo, 1997.)

S. João em Patmos

"Visão inicial. Eu, João, irmão vosso e companheiro de tribulação, no reino e na perseverança em Jesus, estava na ilha chamada Patmos, por causa da palavra de Deus e do testemunho de Jesus."

Ilustração: Gustave Doré

A ARTE DE VIVER

Apóstolos

Nova Enciclopédia Barsa

O termo apóstolo procede do grego *apostolos*, que significa enviado, emissário; nesse sentido, e com caráter geral, era utilizado naquela língua, sobretudo no âmbito do comércio. No cristianismo, porém, a palavra se aplica, por antonomásia, a cada um dos doze homens escolhidos por Jesus para constituir a igreja, aos quais se deve acrescer São Paulo. Embora o próprio Paulo em mais de uma ocasião, tenha chamado de apóstolos "os irmãos do Senhor", os apóstolos, no sentido mais rigoroso, foram aqueles homens a quem Jesus Cristo, depois da ressurreição, outorgou todo o seu poder, enviando-os para que dessem testemunho permanente de sua mensagem.

Em três dos quatro evangelhos — os de Mateus, Marcos e Lucas —, descreve-se o modo como foram escolhidos os doze, entre os discípulos que seguiam Jesus. Marcos relata que Jesus subiu ao monte para orar e chamou "os que ele quis... E constituiu doze, para que ficassem com ele, e para enviá-los a pregar... Ele constituiu, pois, os doze, e impôs a Simão o nome de Pedro; a Tiago, o filho de Zebedeu, e a João, irmão de Tiago, impôs o nome de Boanerges, isto é, filhos do trovão; depois André, Filipe, Bartolomeu, Mateus, Tomé, Tiago, filho de Alfeu, Tadeu, Simão, o Zelota, e Judas Iscariotes, aquele que o traiu" (Mc 3:13-19).

A esses apóstolos diretamente designados por Jesus devem acrescentar-se outros dois: Matias, eleito depois da Ascensão pelos apóstolos, para substituir Judas Iscariotes, e Paulo de Tarso. Também se costuma designar como apóstolo Barnabé, discípulo de Paulo que o apresentara aos doze.

Quase todos os apóstolos eram pessoas humildes, do ambiente em que Jesus circulava, alguns unidos entre si por vínculos familiares: Pedro e seu irmão André, pescadores de Betsaida, como Filipe; Bartolomeu de Canaã, que chegou a Jesus através de Filipe; Tiago Maior e João eram parentes do Senhor; e Tiago Menor — o filho de Alfeu — era parente de Tadeu. Outros apóstolos se distinguiam um pouco desses; Mateus, por exemplo, era coletor de impostos e Simão, o Zelota (ou o cananeu), tinha certamente atividade política. Quanto a Tomé e a Judas Iscariotes, conhecem-se poucos detalhes.

Os Atos dos Apóstolos, escritos por Lucas, descrevem a peregrinação e pregação destes, que começaram depois da descida do Espírito Santo sobre os doze, no dia de Pentecostes. O livro dá atenção particular aos mais chegados a Jesus, como Pedro João, Tiago Maior e Filipe. Depois de relatar a conversão de Paulo quando Jesus lhe apareceu no caminho de Damasco, Lucas se concentrou nos atos desse apóstolo, cuja pregação levou a palavra divina para fora da Palestina, até a própria Roma. Os textos patrísticos acrescentaram novos dados sobre a vida dos apóstolos. Teve particular importância a tradição popular, difundida já no século 9, de que os restos de Tiago Maior repousavam na Espanha, no lugar sobre o qual seria construída a catedral de Santiago de Compostela, principal centro de peregrinação na Europa medieval.

O chefe dos apóstolos é Cefas (em aramaico, "pedra", "rocha"), isto é, Pedro. Nos três evangelhos sinópticos citados relata-se a "confissão" de Pedro, e é Mateus quem põe estas palavras na boca de Jesus: Tu és Pedro, e sobre esta pedra edificarei minha igreja e as portas do Inferno nunca prevalecerão contra ela. Eu te darei as chaves do reino dos céus..." (Mt 16:18-19). Este primado, claramente destacado nos Atos dos Apóstolos, não é simplesmente um primado de honra nem de direção, mas de jurisdição. É o primado que a Igreja Católica reconhece em São Pedro e em seus sucessores, os pontífices de Roma, e o fundamento da própria igreja.

(In: Nova Enciclopédia Barsa, Vol. 1, Enciclopaedia Britannica do Brasil Publicações, São Paulo, 1997.)

A ARTE DE VIVER

BUDA (Siddartha Gautama) - Líder espiritual do Oriente, nascido em Kapilavastu, no sopé do Himalaia, em território do atual Nepal. Filho do rei Suddhodana (reino dos Sakyas), despojou-se de sua fortuna para se dedicar a ensinar a Verdade. É considerado o fundador do Budismo. Não deixou nada escrito. (556 - 476 a.C.)

"
O que somos hoje e o que seremos amanhã depende de nossos pensamentos. Se procedo mal, sofro as conseqüências; se procedo bem, eu mesmo me purifico.
"

A ARTE DE VIVER

O método de adivinhação de Nostradamus

Erika Cheetham

*E stant assis de nuit secret estude
Seul reposé sur la selle d'aerain;
Flambe exiguë sortant de solitude
Fait prosperer qui n'est à croire vain.*

Sentado à noite só, em estudos secretos,
Pousado sobre o tripé de cobre;
Chama exígua brotando da solidão
Faz prosperar aquele em que não se deve crer em vão.

Nesta quadra e na seguinte, Nostradamus descreve seu método de adivinhação; não são predições. Ele usou os métodos do neoplatonista Iamblichus, do século 4. Uma reimpressão do livro *De Mysteriis Egyptorum* foi publicada em Lyon em 1547 e quase certamente por ele estudada. Pode bem ter sido a fonte de suas experiências proféticas, porque logo em seguida começaram a surgir os seus almanaques.

Todos os ingredientes para as práticas da magia acham-se descritos nesta quadra. É noite. Nostradamus está sozinho em seu gabinete, lendo os livros proibidos e secretos que inspiraram suas profecias; o tripé de cobre é um método utilizado por Iamblichus. Sobre ele era colocada uma terrina com água, que o vidente fixava até que o liquido se tornava turvo e visões do futuro nele se esboçavam. *Flambe exiguë* é a luz da inspiração que se apossa de Nostradamus quando ele começa a profetizar.

Adivinhação

La verge en main mise au milieu des BRANCHES [1]
De l'onde il moulle [2] *& le limbe* [3] *& le pied:*
Un peur & voix fremissant par les manches:
Splendeur divine. Le divin pres s'assied.

A vara mágica é posta no meio das pernas do tripé.
Ele respinga com água a bainha da roupa e seu pé.
Uma voz, medo; ele treme em suas vestes.
Esplendor divino; a divindade senta-se, próxima.

Nostradamus continua a explicar seu método. Ele toca o meio do tripé com a vara mágica e umedece então a roupa e os pés com a água do recipiente sobre ele colocado. Este é o método usado pelas profetisas de Apolo para buscar inspiração junto ao Oráculo de Branchus, nos tempos clássicos. Nostradamus te-

---

[1] *Branches* — em maiúsculas no original; a) os três pés, os ramos do tripé; b) referência indireta às profecias de Branchus.

[2] *moulle* — mouille em fr. moderno: umedecer, molhar.

[3] *limbe* — do lat. *limbus*: bainha da roupa.

me o poder que invoca; ouve ao mesmo tempo que vê; algo parece falar-lhe e ele anota as profecias. Tranqüiliza-se assim que o dom dele se apossa. Este duplo aspecto das visões é muito importante para a interpretação das *Centúrias*.

(In: *As Profecias de Nostradamus*, Erika Cheetham, Editora Nova Fronteira, Rio de Janeiro, 1983.)

A ARTE DE VIVER

ALBERT EINSTEIN - Cientista, filósofo e humanista, nascido em Ulm, no sul da Alemanha. Considerado um dos grandes gênios do século 20. Em 1915, apresentou a revolucionária descoberta da Teoria Geral da Relatividade. Em 1921, recebeu o prêmio Nobel de Física. Escreveu vários livros sobre ciência e filosofia. Viveu em Princeton (USA), onde foi professor. (1879-1955)

> A religião do futuro será cósmica e transcenderá um Deus pessoal, evitando os dogmas e a teologia.

A ARTE DE VIVER

A tradição oral

Leo Reisler

Cabala quer dizer tradição. Ela é o repositório mnemônico da tradição judaica e, sem dúvida, origina-se nos longínquos tempos dos grandes profetas. Diz-se que Moisés foi o seu criador. Já li também que foi Abraão. Foi na sua forma original de candelabro (o *menorah*) que aquele povo semita e nômade guardou o mais profundo conhecimento que detinha, o conhecimento do "eu", da eterna terra prometida. O *menorah* foi o símbolo do povo judeu até a invasão romana. Vendo o *menorah*, deveríamos poder lembrar de onde viemos e para onde vamos e, sobretudo, quem somos. É o tão falado autoconhecimento, a grande e verdadeira alquimia. A Cabala é um processo de "arte da memória" (esse termo foi cunhado pela erudita autora inglesa, Frances Yates, como título do seu livro *The art of memory*, no qual, de maneira extraordinária, ela estuda essa arte pela qual as tradições foram passadas adiante, de geração para geração, antes da popularização do livro, graças à invenção de Gutenberg). Um segundo processo mnemônico deve ter sido o Tarô, provavelmente originário do Egito e com certeza tão antigo quanto a Cabala. Como o Tarô foi e é um processo mnemônico criado por um povo não-nômade, tomou outra configuração. Aliás, pode-se dizer o mesmo do I Ching. São todos irmãos, filhos dos mesmos deuses, apenas com nomes diferentes. Para o estudo da Cabala, ou seja, do ser humano, o Tarô leva uma vantagem muito grande — são 78 ícones com correspondências diretas com a Cabala. E é muito mais fácil trabalhar com ícones. Basta ver, como eu disse anteriormente, as modernas linguagens de computador. Tenho uma teoria, baseada no trabalho de Frances Yates, de que o Tarô é uma forma prática e gráfica de aprendizado usada nos antigos templos. Frances Yates diz, no seu livro *The art of memory*, que o processo clássico da arte da memória era decorar um dos grandes templos, alocando-se pensamentos a cada uma das salas.

Dessa forma, era fácil para o estudioso ou orador, na hora de fazer um sermão ou recitar a Odisséia, lembrar-se de enormes volumes de informação sem ter um texto-suporte. Isso acontece com a Cabala e o Tarô. Ambos funcionam da mesma forma. Só que este último funciona exatamente como se percorrêssemos um templo e entrássemos em cada sala em busca das idéias lá colocadas. Cada carta tem a forma de uma porta pela qual enxergamos figuras que nos trazem lembranças, ou então, para aqueles já mais avançados, colocam-nos em contato com o nosso inconsciente — ou ainda, quem sabe, com o inconsciente coletivo, para um reconhecimento arquetípico. As grandes catedrais góticas são templos desse gênero. A catedral de mais fácil acesso com essas características, justamente por estar no grande centro de peregrinação que é Paris, é a catedral de Notre Dame.

Os primeiros registros da Cabala na sua forma "moderna" datam dos séculos 12 e 13, justamente quando, imagina-se, apareceu o Tarô na Europa. Inúmeros foram os estudiosos de ambos os processos mnemônicos, bem como vários os textos produzidos. Todos são ininteligíveis, possivelmente pelo receio da fogueira com que os dominicanos costumavam eliminar os magos mais afoitos, tais como, por exemplo, Giordano Bruno, queimado na estaca, em Roma, em 1600 a. D.

Com o advento do livro impresso, muitos conhecimentos passaram com maior velocidade ao domínio público, à exceção daqueles chamados então de herméticos, místicos ou ocultos. Tantos foram ameaçados de ir para a fogueira, ou acabaram lá, como Giordano Bruno, que o receio de mexer com "bruxaria" atravessou os séculos e chegou até os nossos dias. Foi apenas no século passado que surgiram autores que passaram a tratar do assunto com menos receio. As suas obras tinham e têm um grande defeito, aparentemente comum ao período: o pensamento pouco claro. Se queremos estudá-las, e algumas valem realmente a pena, temos de nos munir de muita boa vontade e tempo.

Creio que a literatura especializada em Cabala e Tarô dessa época foi que criou a conotação de coisa muito difícil, parecida com estudar matemática pelos alfarrábios que nos eram empurrados nos colégios até mais ou menos a década de 50. Os livros são simplesmente incompreensíveis, ainda que escritos por grandes conhecedores da matéria. Saber é uma coisa, ensinar é bem outra. Basta lembrar que a geometria era ensinada nos templos antigos como matéria esotérica e hoje é aprendida no segundo grau das escolas. O mesmo aconteceu neste século com a física nuclear. Em 1944/45 era o maior segredo mundial, sendo empregada pelo Projeto Manhattan para desenvolver a bomba atômica que destruiu Nagasaki e Hiroxima. Aliás, as situações foram calculadas num computador do tamanho de uma casa e que era bem menos eficiente que o PC-XT no qual escrevi estas linhas. Tudo um grande mistério pelo qual poder-se-ia, conhecendo e pertencendo ao lado errado, ser condenado à morte (por espionagem, como no caso Rosenberg). A energia nuclear como matéria está hoje à disposição no curso de física de qualquer universidade brasileira.

Não devemos nos esquecer, nesse início, da extraordinária contribuição de C. J. Jung, o grande psicanalista suíço, que, entre alguns poucos, procurou desmistificar o "oculto". Teve também o mérito de criar uma linguagem moderna e clara para esclarecer o hermético. É a sua linguagem extremamente acessível que usaremos para esclarecer parte do nosso estudo. Apenas o uso competente da palavra "arquétipo"[1] já mereceria a nossa gratidão, pelo que facilita a compreensão de inúmeros e difíceis aspectos dos estudos avançados de hermetismo, esoterismo, ocultismo e outros ismos, complexos, sim, mas não criados para ser propriedade particular de alguns poucos.

(In: *ABC da Cabala*, Leo Reisler, Círculo do Livro, São Paulo, 1995.)

---

[1] **1.** Arquétipo (do grego *archétypon*). S.m. Modelo de seres criados. **2.** Padrão, exemplar, protótipo. **3.** Psicol. Segundo C. J. Jung, psicólogo e psicanalista suíço (1875-1961), imagens psíquicas do inconsciente coletivo (q. v.) e que são patrimônio comum a toda a humanidade: o paraíso perdido, o dragão e o círculo são exemplos de arquétipos que se encontram nas mais diversas civilizações. (*Novo dicionário Aurélio*, Ed. Nova Fronteira)

A morte (Visão de São João)

"Também a morte e o inferno entregaram os mortos que continham; e foi julgado cada um segundo as suas obras. Ao que a morte e o inferno foram lançados ao tanque de fogo. É esta a segunda morte, o tanque de fogo. Quem não se achava inserto no livro da vida era lançado ao tanque de fogo."

Ilustração: Gustave Doré

A ARTE DE VIVER

A forma literária da profecia apocalíptica

The Seventh-day Adventist Bible Commentary

Muita profecia é em forma poética, enquanto que a profecia apocalíptica (e semelhantemente a literatura não-canônica) é quase totalmente em prosa, com uma única inserção de poesia, particularmente no caso dos hinos (ver Apoc. 4:11; 5;9, 10; 11:17,18; 15:3,4; 18:2-24; 19:1, 2,6-8).

Estas considerações dão lugar à regra de que para ser bem interpretada a escrita apocalíptica deve ser compreendida em termos da sua estrutura literária característica e ênfase teológica. O tema da grande controvérsia é o centro da sua mensagem, focalizando particularmente o fim cataclísmico do mundo e o novo estabelecimento. Tudo isto é descrito em linguagem altamente simbólica, a qual nem sempre pode admitir uma interpretação exata. Ao falar de coisas celestes, a linguagem literal é, por vezes, totalmente inadequada para transmitir as mais sutis realidades do céu. Em alguns aspectos a linguagem figurativa da apocalíptica é semelhante à das parábolas, e a mesma precaução deve ser tomada na interpretação de ambas. O livro é uma revelação de Jesus Cristo a operar a perfeição dum povo na torre, para que possa refletir seu caráter e a conduzir a Sua igreja através das vicissitudes da história para o cumprimento do Seu propósito eterno. Aqui, de maneira mais completa que em qualquer outra parte da Escritura Sagrada, a cortina que separa o invisível do visível é afastada, a fim de que possa ser revelado "o fundo, o céu e em toda a marcha e contramarcha dos interesses, poderio e paixões humanas, a força de um Ser todo-misericordioso, a executar, silenciosa, pacientemente, os conselhos da Sua própria vontade".

O Apocalipse consiste de quatro divisões ou cadeias de profecia:

1. as sete igrejas, caps. 1-3;
2. os sete selos, caps. 4-8:1;
3. as sete trombetas, caps. 8:2-11; e
4. os eventos finais da grande controvérsia.

Particularmente, à vista do fato de a linguagem do livro ser altamente figurativa, é essencial o descobrir-se o desígnio do escritor inspirado e o significado do livro transmitido aos leitores a quem ele foi originariamente endereçado. Por outro lado, a interpretação dos seus símbolos e desta forma das suas mensagens pode refletir mera opinião pessoal. Os designados primeiros leitores eram cristãos de fala grega que, sendo judeus ou gentios, consideravam os escritos do cânon do Velho Testamento serem a Palavra de Deus inspirada, e que estariam dispostos a interpretar a nova revelação em termos da velha. Conseqüentemente, as seguintes observações e princípios serão considerados úteis numa interpretação do livro:

"Todos os livros da Bíblia se encontram e terminam no Apocalipse" e, num sentido particular, ele "é o complemento do livro de Daniel". Muito do que se achava selado no livro de Daniel é desselado no livro do Apocalipse e os dois devem ser estudados juntos. O Apocalipse contém citações ou alusões a 28 dos 39 livros do Velho Testamento. De acordo com certa autoridade existem 505 de tais citações e alusões, sendo umas 325 das quais a livros proféticos do Velho Testamento — Isaías, Jeremias, Ezequiel e Daniel, em particular. Dos Profetas Menores são mais comuns referências a Zacarias, Joel, Amós e Oséias. Dos livros do Pentateuco é feito maior uso do Êxodo e das seções poéticas, Salmos. Alguns também acham reflexos dos livros do Novo Testamento de Mateus, Lucas, I e II de Coríntios, Efésios, Colossenses e I Tessalonicenses.

Uma clara compreensão dessas citações e alusões na sua fixação histórica no Velho Testamento é o primeiro passo para a compreensão das passagens que ocorrem no Apocalipse. Será dada atenção ao contexto em que João as usa, a fim de se lhes assegurar a adaptada significação. Isto se aplica particularmente a nomes de pessoas e lugares e a coisas, incidentes e eventos. Visto que muitos dos símbolos do livro do Apocalipse são já conhecidos de literatura apocalíptica judaica ainda existente, esta literatura é freqüentemente valiosa no esclarecimento destes símbolos. Os familiarizados com a história contemporânea romana observarão também que a linguagem de João é muitas vezes descritiva do Império Romano e das experiências da Igreja sob seu domínio. Conseqüentemente, um estudo da história romana do período, esclarece algumas, doutra sorte, obscuras passagens. Finalmente, será dada atenção a usos, pensamento e expressão contemporâneos, à luz do fundo cultural do tempo.

Na determinação do sentido das sucessivas cenas que passaram perante João em visão, é bom lembrar-se que o Apocalipse foi dado para guia, conforto e fortalecimento da Igreja não somente nos seus dias, mas através da Era Cristã, até os últimos momentos do fim do tempo. Nisto a história da igreja foi predita para o benefício de crentes dos tempos apostólicos, de cristãos das eras futuras e dos que vivem nos últimos dias da história da Terra, e conselho vital foi igualmente endereçado a todos a fim de que todos pudessem ter uma compreensão inteligente dos perigos e conflitos perante si. Por exemplo, os nomes das sete igrejas são símbolos das Igrejas em diferentes períodos da história. A igreja local de Éfeso, conseqüentemente, tornou-se um símbolo da completa confraternidade nos tempos apostólicos, mas a mensagem que lhe foi endereçada foi registrada para o encorajamento dos crentes de todas as eras. É razoável concluir-se que a caracterização da igreja de Éfeso e as admoestações que lhe foram dirigidas foram particularmente apropriadas às necessidades daquela igreja ao tempo em que a mensagem foi escrita. Porém, foram semelhantemente apropriadas às necessidades de toda a Igreja cristã da era apostólica e assim, em síntese, representam a experiência daquele período da história da Igreja. Foram registradas para a inspiração e o encorajamento dos crentes de todas as épocas, para as circunstâncias semelhantes a que os mesmos princípios se aplicam. Por analogia, o mesmo se pode dizer das mensagens às outras igrejas. À vista do fato de foco de cada uma das quatro maiores cadeias proféticas estar nas cenas finais da história da terra, as mensagens do livro do Apocalipse têm particular importância para a Igreja de hoje. Que uma simples passagem profética possa abarcar mais que um cumprimento é evidente. Algumas de tais profecias têm tanto um cumprimento imediato como um mais remoto e em adição contêm princípios que são geralmente aplicados a todos os tempos. Além disso, "devia ser lembrado que as promessas e ameaças de Deus são ambas condicionais". Desta sorte, certas predições que podiam ter encontrado seu pleno cumprimento numa época anterior da história da terra têm sido adiadas por causa da falta da Igreja no avaliar os seus privilégios e oportunidades.

(In: *The Seventh-day Adventist Bible Commentary*, Tradução: Valéria Silva Fortes, Faculdade Adventista de Teologia, 1967.)

A ARTE DE VIVER

PAULO COELHO - Escritor brasileiro, teatrólogo e ensaísta. Nasceu no bairro de Botafogo, Rio de Janeiro. Considerado o maior fenômeno literário dos últimos tempos, no Brasil. Sua mensagem é de cunho espiritual-filosófico. Em menos de dez anos escreveu seis obras, todas best sellers, traduzidas para quase todas as línguas. Sua obra *O Alquimista* foi vendida para o cinema. Recentemente condecorado na França pelos méritos da sua obra literária. (1947 -   )

> **Nós fazemos parte de um corpo, da alma do mundo. Não somos peças isoladas e jamais o seremos.**

A ARTE DE VIVER

Se João escreveu o Quarto Evangelho e o Apocalipse, por que são tão diferentes?

Juan Ignacio Alfaro

Desde o princípio do cristianismo, viram-se com bastante clareza as grandes diferenças entre o Apocalipse e o Quarto Evangelho. Apesar disso, houve uma persistente tradição que atribuía ambos os livros ao mesmo autor, o apóstolo João, filho de Zebedeu; depois, pensou-se que ao menos um deles não tinha sido escrito pelo apóstolo São João; "João" era um nome muito comum naquela época, sendo por isso possível que houvesse confusão de nomes e de pessoas.

No início, houve cristãos que não aceitavam a inspiração do Apocalipse. É muito estranho que se o autor era um apóstolo, sua doutrina tivesse sido rejeitada por alguns setores da igreja; de todo modo, o autor era uma pessoa bem conhecida na comunidade cristã e devia ser personalidade importante, já que as autoridades romanas o escolheram especialmente para desterrar.

Alguns padres da igreja pensaram que nas igrejas da Ásia viveu, no final do século 1, uma figura de proa a quem chamavam João, "O Presbítero", e a quem se atribuiu o Quarto Evangelho, ao passo que o Apocalipse foi atribuído ao apóstolo São João. Logo se generalizou, tendo persistido até o século 16, a opinião de que os dois livros saíram das mesmas mãos: as do apóstolo.

Mais tarde, chegou-se a pensar, com mais probabilidades, que nenhum dos livros em questão fora escrito pelo apóstolo, já que o autor do Apocalipse aparece, mais do que como pessoa revestida de autoridade apostólica, como um coordenador das comunidades cristãs, companheiro fervoroso e valente de seus leitores, que enfrentara a perseguição.

Alguns autores modernos atribuem o Apocalipse a outras pessoas, por exemplo, a São João Batista ou a um de seus discípulos, especialmente porque Jesus é apresentado como "aquele que há de vir"; essas palavras são as usadas por João Batista ao referir-se a Jesus nos evangelhos (cf. Jo 1,27.30; Mt 3,11; 11,13; 1,4.8).

Hoje, fala-se muito de uma "escola", círculo, tradição, seita ou comunidade que foi responsável pela teologia dos dois principais livros atribuídos a São João. Eles teriam sido compostos por dois indivíduos muito diferentes, se bem que da mesma escola, que escreveram com uns 20 anos de separação um do outro, depois de uma grande mudança nas circunstâncias e nos problemas dos leitores: a questão inicial sobre a identidade cristã "interna" dos leitores e as dificuldades ulteriores ocasionadas pela perseguição externa.

O Apocalipse faz notar que as igrejas de Éfeso, Sardes e Laodicéia tinham perdido seu fervor inicial. Isso indica que se passara algum tempo desde sua conversão ao cristianismo; a linguagem grega do Apocalipse é relativamente pobre, motivo pelo qual se pensou ser ela a segunda língua do autor.

Ainda que as grandes diferenças entre os dois livros pareçam pedir autores diferentes, é possível que o apóstolo São João tenha de algum modo inspirado os livros, visto que eles foram escritos por pessoas que provavelmente conheceram bem seu pensamento.

É muito estranho que no Apocalipse não apareçam algumas palavras gregas que são especialmente usadas no Quarto Evangelho, como, por exemplo, "verdade", "vida eterna", "permanecer", "trevas" e "crer". Apesar de tudo, os dois livros apresentam a mesma Boa-Nova, se bem que com roupagem diferente.

Há uma profunda semelhança em termos de imagens e de simbolismo entre o Quarto Evangelho e o Apocalipse; essa semelhança não é apreciada claramente numa leitura rápida ou superficial das obras; os dois livros parecem vir do mesmo ambiente, embora possamos ver no Apocalipse reflexos da teologia de São Paulo, que era bem conhecida em Éfeso e nas comunidades vizinhas.

Alguns procuraram contrastar as escatologias das duas obras, destacando que o Quarto Evangelho propõe uma escatologia realizada (o juízo, a salvação e a vida eterna ocorrem com o advento de Jesus, a partir de "sua Hora"), enquanto no Apocalipse seria proposta uma escatologia futura. Mas a leitura atenta do Apocalipse mostrará que o autor propõe uma escatologia quase idêntica à do Evangelho.

O Apocalipse e o Evangelho de São João apresentam grandes semelhanças em sua teologia e, por vezes, complementam-se admiravelmente quando se considera que o que um narra teológica e "historicamente", o outro narra apocalipticamente, por meio de visões e símbolos. Vê-se isso de modo especial na apresentação do Calvário no Evangelho e na visão da mulher e do dragão no Apocalipse.

O Evangelho centra-se na "vida" e na pessoa de Jesus como modelo de personalidade do fiel, ao passo que o Apocalipse o faz na figura do Jesus glorioso e triunfante como modelo e raiz da esperança do fiel.

(In: *O Apocalipse em Perguntas e Respostas,* Juan Ignacio Alfaro, Edições Loyola, São Paulo, 1995.)

A ARTE DE VIVER

MAHATMA GANDHI - Líder político e espiritual da Índia cuja sabedoria e postura humanista tornaram-no conhecido no mundo inteiro. Através da filosofia da não-violência, libertou a Índia do colonialismo britânico. Nasceu em Porbandar (Estado de Kathiavar), no norte da Índia. Estudou Direito em Londres. Escreveu mais de duas centenas de livros sobre religião, saúde e política. Sua obra mais conhecida é a autobiografia *Minha Vida e Minhas Experiências com a Verdade*. Por razões políticas foi assassinado em 1948, em Nova Délhi. (1869-1948)

"
A força de um homem
e de um povo
está na não-violência.
Experimentem.
"

A ARTE DE VIVER

O equívoco do pecado original

Huberto Rohden

É doutrina das teologias cristãs que o homem é concebido e nasce em pecado, herança do pecado de Adão.

É crença geral também que esse pecado herdado se extinga por meio de um copo de água e de uma fórmula mágica, ou então pela submersão numa piscina de água. E então, a alma humana, possessa de Satanás, se torna filha de Deus.

Jesus, no Evangelho, ignora totalmente esse tal pecado original; manda vir a si as crianças, dizendo que de tais é o Reino dos Céus; e previne os adultos que não levem ao pecado uma criança inocente "que tem fé nele". Para Jesus, a alma humana é, como mais tarde escreveu Tertuliano, *"naturaliter christiana"*, crística por sua própria natureza.

Que é pois o verdadeiro pecado original?

Todo ser humano tem consciência apenas do seu ego periférico, que é um presente de berço, uma herança da própria natureza humana. Essa consciência egocêntrica faz crer ao homem que ele é um ser autônomo e separado de Deus. O homem-ego ignora a sua união essencial com o Ser Infinito, com a própria Realidade; e age de acordo com esta ilusão. Essa ilusão de uma existência separada do Infinito é o seu erro, seu pecado, e o torna egoísta e egocêntrico em tudo.

Esta ilusão separatista do ego é uma herança de toda a natureza humana, ao passo que a verdade da permanente união com o Infinito é uma conquista da sua consciência.

A ilusão da separação, como dizíamos, é um presente de berço — a verdade da união essencial com o Infinito é uma conquista da consciência; e essa união essencial pode e deve revelar-se numa união existencial.

A ilusão separatista nada tem a ver com o diabo, ou com uma tal maçã de Adão; ela é o estado natural da ignorância e ilusão do homem primitivo. E a abolição dessa ilusão se realiza pelo despertamento da verdade sobre a natureza humana. Batismo é a palavra grega para mergulho: quando o homem mergulha na verdade da sua natureza divina, perde ele a ilusão do seu ego fictício, e então é ele "batizado", isto é, mergulhou no banho de luz da verdade sobre si mesmo. "Eu só vos mergulho na água" — diz João Batista — "mas, após mim, virá alguém que vos mergulhará no fogo do espírito divino".

Esse mergulho metafísico pode ser simbolizado por um mergulho físico na água: a imersão, como explica Paulo de Tarso, simboliza a morte do ego pecador, e a emersão representa o nascimento do Eu divino. O verdadeiro mergulho não é uma cerimônia ritual, mas uma realidade espiritual.

Jesus nunca batizou ninguém, e João só batizava, ou mergulhava, os adultos, por sinal que não criam num suposto pecado original.

(In: *O Drama Milenar do Cristo e do Anti-Cristo*, Huberto Rohden, Editora Martin Claret, 1995.)

Ruínas de Babilônia

"A grande lamentação. Os reis da terra que com ela viveram em luxúria e voluptuosamente hão de chorar e lamentá-la, quando virem o fumo do seu incêndio. Ficarão a distância, com medo dos seus tormentos, clamando: 'Ai, ai, grande cidade de Babilônia! Cidade tão poderosa! Ela quem numa só hora desabou sobre ti o juízo!'"

Ilustração: Gustave Doré

A ARTE DE VIVER

Por que o Apocalipse é tão diferente dos outros livros?

Juan Ignacio Alfaro

O livro do Apocalipse é diferente dos outros livros bíblicos mais por seu estilo literário do que por seu estilo doutrinal. Dos 404 versículos do Apocalipse, mais da metade tem alusões a textos, imagens ou figuras do Antigo Testamento. Poderíamos dizer que o autor criou um novo mosaico com fragmentos de muitos mosaicos velhos.

No Apocalipse, não há mais do que uma referência direta a um texto concreto do Antigo Testamento (Ap 13,3), mas mesmo esse texto não contém uma citação direta e literal, compondo-se de uma combinação de vários textos. Alguns chegaram a ver no Apocalipse uma releitura cristã interpretativa do Antigo Testamento. É preciso dizer que o livro também faz uma releitura interpretativa do Novo Testamento para as novas circunstâncias da Igreja nascente.

O autor do Apocalipse alude a alguns temas básicos do Novo Testamento, pondo em linguagem simbólica, mas tangível, o que os sermões escatológicos dos evangelhos sinóticos apresentaram de modo geral e abstrato (cf. Mc 13 e Lc 21). Os livros mais citados no Apocalipse são Êxodo, Ezequiel, Zacarias,

Daniel, Gênesis, Deuteronômio, Números, Salmos, Amós e o Dêutero-Isaías. Entre os contatos mais destacados do Apocalipse com o resto da Bíblia, os mais importantes são os seguintes:

a) Vocação, missão e visões: de modo geral, o autor se inspira em Is 6, Jr 1 e Ez 5-20. A visão dos sete selos, com as calamidades que provocam, parece explicar o sermão de Mc 13 e seus paralelos sinóticos. A visão das trombetas tem grande relação com o Êxodo. O profeta Zacarias fornece o material para as visões dos quatro cavalos, da mulher pecadora e dos chifres. A visão do livro escrito (Ap 10,8-11) foi inspirada em Ez 3,1-13.

b) As setes cartas às igrejas: em seu conteúdo e forma, são oráculos apocalípticos que se assemelham aos oráculos dos profetas.

c) Os castigos e pragas: geralmente se inspiram nas pragas do Egito (Ex 7-10), na destruição de Sodoma e Gomorra (Gn 18-19) e na queda de Babilônia (Is 13).

d) As bem-aventuranças, as maldições: inspiram-se nas bênçãos e maldições de Dt 28, assim como nos Salmos e Provérbios.

e) Os elementos litúrgicos: o templo, o altar, o tabernáculo, as trombetas, a fumaça, o fogo, o incenso e os tronos foram retirados de modo geral do livro do Êxodo.

(In: *O Apocalipse em Perguntas e Respostas,* Juan Ignacio Alfaro, Edições Loyola, São Paulo, 1996.)

A ARTE DE VIVER

SÓCRATES - Chamado "mestre da Grécia", é considerado um dos grandes pensadores de todos os tempos. Sócrates era cidadão ateniense, nascido no subúrbio de Alopeke. Seu estilo de ensino, a maiêutica, pressupõe que o conhecimento já está no homem. Não deixou nada escrito. O que se sabe sobre ele foi contado por seus discípulos, principalmente Platão e Xenofonte. Acusado de corromper a juventude com suas teorias filosóficas, foi condenado à morte, sendo obrigado a ingerir o veneno cicuta. (470/469-399 a.C.)

> *Talvez o difícil não seja fugir da morte; bem mais difícil é fugir da maldade que corre mais veloz que a morte.*

A ARTE DE VIVER

O número 666

Marques da Cruz

No "Apocalipse", escrito por S. João, na ilha de Patmos, aos 91 anos, após uma visão, há estes sinais, indicadores do "fim dos tempos":

A besta que subiu do mar

A Bíblia diz que haverá *muitos Anticristos*, os perseguidores da religião; mas destaca "o que se assentará, como Deus no templo de Deus, querendo parecer Deus", o que é *singular*, o que é *O Anticristo*, o pior, o do fim. Essa besta que *subiu do mar parece ser um símbolo de todos os imperialismos anticristãos dos séculos 19 e 20,* na Europa, que está cercada de muitos *MARES*. Um dos Anticristos foi Napoleão. Nasceu em Ajácio, na Córsega, *à beira-mar,* subiu do *mar para* a Europa; perseguiu a Igreja terrivelmente, chegando a prender o papa Pio VII.

Nas duas *Grandes Guerras,* em que houve tantas perseguições a cristãos e judeus, houve grandes batalhas *no mar,* em que os submarinos afundaram centenas de navios dos aliados. Diz Nostradamus que, em fúria anticristã, quase no "fim dos tempos", os *árabes invadirão, pelo Mar Mediterrâneo, o* norte da África, a Espanha, a Itália e até a França (de 1973 a 1988, mais ou menos).

S. João, no Apocalipse, capítulo 13, fala da grande prostituta (a Europa), assentada sobre MUITAS ÁGUAS e sobre uma besta da cor de escarlate (a Rússia), e que tem 7 cabeças e 10 cornos.

O 2º Anticristo (em importância), diz Nostradamus que foi Hitler. O último será *Gog*, na última batalha: do Armageddon. Ao último, chama Nostradamus simplesmente "O *Anticristo*". Cristo disse: — "Quando eu voltar à Terra (2ª vinda), por acaso acharei fé?"

Ao ler-se a "Carta a Henrique II", de Nostradamus, vê-se que as idéias libertárias dos enciclopedistas perturbariam o mundo, desde a Revolução francesa — desde "a época em que o povo seria admitido a votar" (sufrágio universal), com *votos a peso*, sem seleção de cultura, "com mudanças contínuas de regimes políticos", com florescimento e arrogância da Ciência a querer sobrepor-se a Deus.

Diz S. João, no Apocalipse, cap. 13: — "E vi *subir do MAR uma besta que tinha sete cabeças e dez cornos*, e sobre os seus cornos dez diademas, e sobre as suas cabeças um nome de blasfêmia. E a besta que vi era semelhante ao leopardo, e os seus pés como de urso, e a sua boca como de leão (o *leopardo* é astucioso e cruel; o *urso* tem pés enormes e fortes para pisar; o *leão* ruge altivamente); e o *dragão* (= Satanás, segundo exegese católica), deu-lhe o seu poder, e o seu trono, e grande poderio. E vi uma de suas cabeças como ferida de morte, e a sua chaga mortal foi curada; e toda a terra se maravilhou após a besta. E adoraram o dragão que deu à besta o seu poder; e adoraram a besta, dizendo: Quem é semelhante à besta? Quem poderá batalhar contra ela? E deu-se-lhe boca para falar grandes coisas e blasfêmias; e deu-se-lhe poder para assim o fazer por 42 meses (1.260 dias, ou 3 anos e meio). E abriu a sua boca em blasfêmias contra Deus, para blasfemar do seu nome, e do seu tabernáculo, e dos que habitam no céu. E deu-se-lhe poder sobre toda a tribo, e língua, e nação. E adoraram-na todos os que habitam sobre a terra, cujos nomes não estão escritos no livro da vida do Cordeiro morto *desde a fundação* do *mundo* (a exegese católica diz que estas palavras se referem não à imolação de Cristo, mas à inscrição no livro da vida). Se alguém tem ouvidos, ouça: se alguém leva em cativeiro, em cativeiro irá; se alguém matar à espada, necessário é que à espada seja morto. Aqui está a paciência e a fé dos santos".

A besta que subiu da terra

Esta segunda besta parece ser o símbolo do *principal Anticristo "o filho do pecado"*, o chefe Gog (de que fala Ezequiel no cap. 38) que, à frente de um numerosíssimo exército, cairá sobre a Palestina *"subindo das bandas do norte"*, isto é, *da TERRA imensa da Rússia "no fim dos dias", no fim dos anos"*. A RÚSSIA É A MAIOR TERRA (país) DO MUNDO. Tem mais de 30 milhões de quilômetros quadrados. É a *sexta parte da* TERRA; ocupa grande parte da Europa e da Ásia.

Diz o Apocalipse, 11, que, no fim do mundo, no reinado de *"O Anticristo" (o* qual durará 42 meses, ou 1.260 dias, ou 3 anos e meio, segundo os intérpretes), aparecerão *duas testemunhas,* que profetizarão por 1.260 dias, — "duas oliveiras, dois castiçais que estão diante de Deus"; que a besta os matará; que seus corpos mortos ficarão três dias e meio, sem que sejam sepultados; que depois subirão para o céu numa nuvem; que, a seguir, virá um grande terremoto".

Segundo os intérpretes, estas duas testemunhas serão *Enoque e Elias;* foram dois homens de grande virtude: Enoque viveu antes do Dilúvio, e foi levado por Deus para o céu; Elias viveu em 900 antes de Cristo, e foi levado também para o céu num carro de fogo.

Continua S. João no Apocalipse, cap. 13-11, 18: — "E vi *subir da TERRA outra besta,* e tinha DOIS CORNOS semelhantes aos do Cordeiro (= Cristo; isto é, parece um santo); e falava como o dragão (= Satanás). E exerce todo o poder da primeira besta ("besta, referida antes, que subiu do mar"), na sua presença, e faz que a terra e os que nela habitam adorem a primeira besta, *cuja chaga mortal fora curada* (quer dizer que sarara, após as grandes guerras anteriores dos outros Anticristos, Napoleão, Hitler, a Rússia que vai ser vencida, tornando todos os povos de novo à fé durante alguns anos?). E faz grandes sinais, de modo que até fogo faz descer do céu à terra (nos aviões) diante dos homens. E engana os que habitam na TERRA com sinais que se lhe permitiram que fizesse em presença da besta, dizendo aos que habitam na TERRA que fizessem uma imagem à besta, que recebera a ferida da espada e vivia (isto é, cujo espírito do mal reviveria). E foi-lhe concedido que desse espírito a imagem da besta, para que também a imagem da besta falasse, e fizesse com que fossem mortos todos os que não adorassem a imagem da besta (fará talvez falar a imagem, por meios artificiosos, sutis, para enganar os homens? ou quererá dizer que todos deverão seguir os ensinamentos anticristãos da "falsa ciência"?) E faz que todos, pequenos e grandes, ricos e pobres, livres e servos, ponham um sinal na sua mão direita, ou nas suas testas; e que ninguém possa comprar ou vender, senão aquele que tiver o sinal, ou o nome da besta, ou o número de seu nome.

AQUI ESTÁ A SABEDORIA. AQUELE QUE TEM ENTENDIMENTO, CONTE O NÚMERO DA BESTA; PORQUE É O NÚMERO DE UM HOMEM, E O SEU NÚMERO É 666.

(Sobre esse número, 666, diz a explicação católica: — "É um número simbólico, cuja significação não se conhece"). A Bíblia fala de *Anticristos* no plural (vários inimigos de Cristo), e destaca um *Anticristo* no singular (o do "fim dos tempos", *"o homem do pecado, que se sentará, como Deus, no templo de Deus, querendo parecer Deus"*).

Muitos investigadores procuram, há séculos, adaptar o número 666 a um nome de homem. Deve ser o número de um homem anticristão.

Deve surgir no fim do mundo. Deve ser *um nome, cujas letras,* em *grego, dêem esse número.* S. João escreveu, em grego, o Apocalipse, e por isso o nome deve ser assim, dizem alguns.

Várias soluções:

• Foi *Neron Quêsar* (= *Nero César),* em hebraico? As letras somando o seu valor numérico, isto é, 50, 300, 6, 50, 60 e 200, dão o n.° 666. Historicamente, foi apenas um dos Anticristos.

• Foi *Hitler?* Como Hitler é designado por Nostradamus como *"segundo Anticristo" (segundo em importância,* para o distinguir de *"O Anticristo",* o do fim, que ele designa: *O Anticristo),* muitos viram no nome *"Hitler"* o n.° 666. Note-se que a palavra não é grega; que esta época não é a do fim; que O *Anticristo só* virá no fim deste século; que, portanto, Hitler não foi o *Anticristo,* o do fim, o indicado por S. João.

Fantasiaram o seguinte: — adaptam-se os números às letras; começa-se por 100 = A; 101 = B; etc.

Por que começar por 100? Porque o número 1 é o número de Deus, donde saem, segundo Pitágoras, todos os números. Quase todos os símbolos têm três partes, como as trindades religiosas, os lemas políticos, etc., em que a primeira parte encerra já em si as outras duas.

(*Ex.: "Liberdade, igualdade e fraternidade"; se houver liberdade, deve haver também igualdade e fraternidade*)

(...) De modo que os dois zeros à direita não alteram o número 1. Ficam 100 como símbolo. E ele pode ser assim, porque tem o número 1, número de Deus.

Coincidência! É engenhoso, mas é complexo e metafísico (note-se porém, que este processo não dá certo com outros nomes históricos dos perseguidores da religião cristã: Maomé, Átila, Napoleão, Lenin Stalin e outros).

A 100	I 108	Q 116	H 107
B 101	J 109	R 117	I 108
C 102	K 110	S 118	T 109
D 103	L 111	T 119	L 111
E 104	M 112	U 120	E 104
F 105	N 113	V 121	R 117
G 106	O 114	etc.	——
H 107	P 115		666

• Alguns exegetas protestantes dizem, sutilmente, que o número 666 está no *título* que os Papas evocam a si mesmos, em latim. Forma-se o número 666 pelo valor romano de certas letras.

(In: *Profecias de Nostradamus*, Marques da Cruz, Editora Pensamento, São Paulo, 1981.)

A ARTE DE VIVER

SHAKESPEARE (William) - Dramaturgo e poeta inglês, nascido em Stratford-on-Avon. O conhecimento sobre sua vida é escasso, dando origem a algumas versões desencontradas. É considerado o maior dramaturgo de todos os tempos. Shakespeare deixou dezenas de obras: poesias, tragédias e comédias. Entre as mais famosas figuram *Otelo* e *Romeu e Julieta*. (1564-1616)

"
O céu ainda está acima de tudo. E lá preside um juiz que nenhum rei pode corromper.
"

A ARTE DE VIVER

O Quinto Evangelho
A Mensagem do Cristo segundo Tomé

(Tradução e comentários Huberto Rohden)

Disse Jesus: As imagens se manifestam ao homem, e a luz que está oculta nelas — na imagem da luz do Pai — ela se revelará e sua imagem será oculta pela luz.

Este jogo entre a fonte da luz e seu reflexo na imagem vai por todos os livros sacros do Oriente e do Ocidente. Assim como a luz do sol se manifesta num espelho ou numa gota de orvalho, assim se manifesta o Criador em todas as criaturas.

A filosofia oriental diz que *Maya* (a natureza) revela Brahman, e também o vela, do mesmo modo que a teia revela a aranha e também a vela ou encobre. De fato, toda a natureza manifesta Deus, como o efeito manifesta a causa, mas a natureza também encobre Deus, porque um efeito finito nunca pode manifestar adequadamente uma causa Infinita. Certos teólogos tentam provar a existência de Deus pelas obras da natureza, recorrendo à comparação entre o artefato e o artífice, entre o relógio e o relojoeiro. Este argumento é fundamentalmente falso e ilusório. O artefato ou relógio finito revela somente uma causa finita, como o artífice ou o relojoeiro. Deus, porém, não é uma causa finita. A não ser que se considere Deus como pessoa.

A natureza toda, a criação em toda a sua grandeza e amplitude não pode jamais provar a existência de uma causa Infinita. Um Deus-pessoa é necessariamente um Deus finito, um Deus finito é um pseudodeus, e não um Deus real. Do mundo dos fatos, escreve Einstein, não conduz nenhum caminho para o mundo dos valores, porque estes vêm de outra região.

Do mundo das facticidades finitas não conduz nenhum caminho para o mundo da Realidade Infinita. A natureza é apenas um predisponente preliminar para algo que não vem da natureza. As circunstâncias externas podem predispor o homem e criar ambiente propício para que ele encontre Deus em sua substância interna. Somente pela intuição espiritual da sua própria substância pode o homem ver Deus, e não pela análise intelectual das circunstâncias externas.

"Quando o discípulo está pronto, então o Mestre aparece" — quando o homem removeu de dentro de si todos os obstáculos, então Deus se revela ao homem. Não é o homem que descobre Deus, é Deus que descobre o homem, quando o homem se torna receptivo para essa revelação.

A luz do Pai se revela na imagem, quando a imagem está pronta para refletir essa luz.

Embora não se possa provar um Deus Infinito pela natureza finita, contudo o místico intuitivo tem plena certeza de Deus, não por tê-lo provado, mas porque Deus se revelou a ele. Quem não tem revelação de Deus não tem certeza de Deus. Da crença há um regresso para a descrença. Mas da experiência de Deus não há regresso para a inexperiência. O homem intuitivo a quem Deus se revelou tem de Deus certeza absoluta e irrevogável. A luz de Deus transcende todas as imagens de Deus.

Os arautos e os profetas irão ter convosco e vos darão o que é vosso. Dai-lhes também vós o que é deles.

O homem que atingiu certo grau de intro-vivência ou cosmo-vivência vê em tudo arautos e intérpretes da Divindade: nas pedras e nas flores, nas águas e nos peixes, nos insetos e nas aves, nos animais e nos homens. Para ele, nada é morto nem mudo; tudo lhe é vivo e revelador. E esses mensageiros e porta-vozes de Deus despertam no homem conscientemente o que nele está dormindo inconscientemente, porque o recebido é dado ao recipiente de acordo com a sua recipiência Quem tem 10 graus de recipiência receberá do Infinito 10 de experiência; quem tem 50 graus de recipiência receberá 50 de experiência. Ninguém pode receber mais explicitamente do que ele tem implicitamente. A atualização é proporcional à potencialidade. E toda a potencialidade aumenta progressivamente na razão direta da sua atualização. Tanto mais alguém receberá quanto mais ele está disposto a dar. *Não-dar* obstrui os canais do *poder-receber*. A datividade é a medida da receptividade.

Por isto, quanto mais liberalmente o homem dá tanto mais abundantemente ele receberá, não dos outros, mas do Doador Infinito.

O modo mais seguro para empobrecer é querer receber sem dar.

O Doador Infinito é de infinita plenitude — os recebedores finitos são de indefinida vacuidade.

(In: *O Quinto Evangelho - A Mensagem do Cristo Segundo Tomé*, Trad. e notas Huberto Rohden, Editora Martin Claret, São Paulo, 1997.)

Juízo final

"O vencedor montado no cavalo branco. Vi o céu aberto: e eis um cavalo branco, e quem nele vinha montado chama-se o Fiel, o Verdadeiro. Julga o combate com justiça. Os seus olhos brilham como chamas de fogo, e traz muitos diademas na cabeça e inscrito um nome que ninguém conhece se não ele só."

Ilustração: Gustave Doré

A ARTE DE VIVER

O homem e a besta

Francis King

Naturalmente todo o mundo ouviu falar de Aleister Crowley. Foi satanista, pornógrafo — autor de livros como o célebre *Manchas Brancas* —, traidor da sua pátria durante a guerra de 1914-18, insaciável atleta bissexual, proxeneta que vivia dos lucros imorais de suas mulheres e toxicômano, que consumia cada dia uma quantidade de heroína capaz de matar uma dúzia de pessoas.

Existe um pouco de verdade em todas estas crenças populares acerca de Crowley, mas seguramente não muita. E vale a pena recordar que existiam outros aspectos da personalidade de Crowley completamente admiráveis. Era capaz de fazer grandes favores sem esperar nenhum tipo de recompensa econômica ou de outra classe; foi um pintor expressionista de grande impacto, embora tecnicamente incompetente, cujas obras atraíram muita atenção quando se expuseram na Berlim anterior a Hitler. E, sobretudo, foi o autor de um sistema ocultista de tipo eclético, que tentou difundir em escritos e cuja lucidez, gênio e força intelectual despertaram admiração naqueles que se incomodaram em lê-los, o que não é tarefa fácil, pois grande parte da obra de Crowley parece incompreensível para quem não conhece a versão da Cabala segundo o Amanhecer Dourado e certos acontecimentos importantes da vida do autor.

Crowley combinou quatro componentes fundamentais em seu sistema de ocultismo, ao que chamava "Magick", terminado em k, para diferenciá-lo dos outros sistemas mágicos.

O primeiro dos ditos componentes era a magia do Amanhecer Dourado, que Crowley aceitava completamente; tinha se iniciado na ordem em 1898 e em 1900 já era adepto menor.

O segundo componente foi o *yôga* e outras práticas ocultas orientais que Crowley tinha aprendido no Ceilão, na Índia e na China.

O terceiro foi a magia sexual da ordem dos Templários Orientais, fraternidade de origem alemã.

Essa magia sexual pretendia transformar o orgasmo em uma experiência sobrenatural. A origem exata destes "Cavaleiros do Templo" não está nada clara, mas é inquestionável que não possuíam nenhuma conexão histórica com os cavaleiros templários originais, apesar das pretensões de alguns desses ocultistas alemães. É provável que a sua doutrina tivesse uma origem oriental, derivada talvez de alguma seita sufi heterodoxa ou, mais provavelmente, de alguma escola tântrica bengali.

Crowley entrou nos Templários Orientais em 1910, e em 1912 foi nomeado chefe do seu ramo britânico, "Supremo e Santo Rei de Irlanda, Iona e todas as Ilhas Britânicas do Santuário da Gnose". Ao princípio parece que considerava a Mysteria Mystica Maxima — que é como se chamava o ramo britânico da ordem — como um mero apoio à sua A.A. (*Astrum Argentinum* ou Estrela de Prata), uma fraternidade mágica que tinha fundado em 1908 e na qual se ensinava uma mistura de *yôga* e práticas do Amanhecer Dourado. No entanto, com o tempo, chegou a preferir a magia sexual dos Templários e foi abandonando pouco a pouco a magia ritual.

O quarto componente de seu sistema *mágiko*, que servia como laço de união entre os outros três, era a "Lei de Thelema", uma nova religião de "força e fogo" baseada no *Livro da Lei*, um poema em prosa dividido em três capítulos, aparentemente ilógico, mas de intensa beleza, que segundo Crowley lhe havia ditado em 1904 um espírito chamado Aiwass.

Um comentário completo do *Livro da Lei* é algo que escapa às minhas possibilidades e inclusive às do próprio Crowley, que, apesar de ter escrito dois longos comentários sobre o texto, admitia que não compreendia algumas partes do mesmo. Mas a doutrina básica pode ser resumida do seguinte modo:

1. Crowley é a Besta 666 do *Livro da Revelação*, o profeta de uma nova era chamada "o éon de Horus", que equivale aproximadamente à Era de Aquário dos astrólogos. O crowleyanismo será a religião da nova era; o budismo, o islã e o cristianismo ficam denunciados como religiões de deuses escravistas.

2. As doutrinas básicas da nova religião são duas: "Todo homem e toda mulher é uma estrela", e "Faça o que tu quiseres, essa é toda a lei". Com a primeira frase, Aiwass — ou a mente subconsciente de Crowley — parece querer dizer que cada alma humana ("estrela") é uma entidade única, com direito a se desenvolver à sua maneira. "Faça o que tu quiseres" parece significar "Encontra o modo de vida que esteja de acordo com os teus desejos mais íntimos, e vive-o no limite".

3. A nova religião é um evangelho para os "homens régios", os "poucos e secretos que reinarão sobre os muitos e conhecidos"; quanto aos homens não régios, diz-se que "os escravos terão de servir".

Digam o que digam de Crowley, não era um farsante; acreditava na sua nova religião, na sua identificação com a Besta 666, em seu sistema *mágiko*, com a mesma sinceridade com que uma testemunha de Jeová acredita no segundo advento de Cristo. Tinha a convicção de que o crowleyanismo estava destinado a deslocar todas as religiões existentes, pelo menos durante os próximos dois mil anos.

Talvez não lhe faltasse razão. Depois de morto, Crowley conta com mais discípulos do que nunca teve em vida. Talvez seja melhor esperar para ver se se cumprem algumas das profecias do *Livro da Lei* antes de catalogar definitivamente Crowley como falso messias.

(In: *Magia - A Tradição Ocidental*, Francis King, Edições del Prado, Madrid, Espanha, 1996.)

A ARTE DE VIVER

MADRE TERESA DE CALCUTÁ - Agnes Gonxha Bojaxhiu nasceu em Skopje, Macedônia. Ingressou no Instituto da Bendita Virgem Maria, na Irlanda. Mudou-se para a Índia e, em 1948, foi trabalhar com os pobres de Calcutá. Estudou enfermagem e passou a morar nas favelas. Fundou o asilo de Nirmal Hriday e a Ordem das Missionárias da Caridade. Recebeu do Vaticano o Prêmio João XXIII da Paz. A congregação fundada por ela, responsável por centros para cegos, idosos, aleijados e moribundos recebeu a sanção canônica do Papa Pio XII. Sua obra alcançou repercussão internacional e deu-lhe o Prêmio Nobel da Paz de 1979. No final da década de 1990, a ordem contava com o trabalho de mais de quatro mil freiras, em centenas de casas de caridade espalhadas por todo mundo, inclusive no Brasil, na favela dos Alagados, Salvador. (1910 - 1997)

> *Eu sempre vivo o dia de hoje.*
> *O ontem já se foi.*
> *O amanhã ainda não chegou.*
> *Nós só temos o eterno hoje*
> *para amar Jesus.*

A ARTE DE VIVER

Que significam os sete selos do Apocalipse 5,1-8,1?

Juan Ignacio Alfaro

Os selos eram usados na Antiguidade para identificar a propriedade, conferir validade aos documentos, como tatuagens de pertinência ou proteção e como sinais de coisas importantes ou secretas.

O livro selado com sete selos é propriedade exclusiva de Deus e contém os grandes segredos de seu plano salvífico. Esse livro parece ser um documento dobrado que se vai desdobrando gradualmente, revelando seu conteúdo. A abertura do sétimo selo serve para introduzir a série de sete trombetas depois da qual se descobrirá a finalidade da história e o triunfo final de Cristo.

Alguns autores vêm uma relação entre esse documento dobrado e selado e os documentos que se usavam para repudiar no caso de matrimônios fracassados, especialmente quando se tratava de divórcios sacerdotais. Quer-se ver aqui uma representação simbólica do divórcio que vai se estabelecer entre o Cordeiro e a Jerusalém infiel, antes de ocorrer o novo matrimônio do Cordeiro com a Nova Jerusalém que vem do céu.

O descobrir ou abrir dos selos não procura satisfazer a curiosidade humana, mas cumprir e levar a efeito o plano de Deus na história. Cristo e os cristãos são os que conhecem o verdadeiro sentido da história, com todas as suas contradições.

Os selos lembram aos cristãos e à humanidade que as calamidades da história e da natureza devem servir para despertar as consciências para a caducidade do humano e para centrar-se em Deus e em seus planos.

Os quatro primeiros selos são referentes aos quatro cavalos do Apocalipse com seus respectivos ginetes. O quinto selo representa o trono de Deus transformado em templo celestial semelhante ao templo de Jerusalém; em meio às tragédias, tribulações e lutas da terra, as orações dos santos acompanham os cristãos, o que deve consolá-los e dar-lhes forças para se manterem fiéis. As orações dos cristãos não se originam de uma sede de vingança, mas uma sede de justiça e nos valores do Reino de Deus.

O sexto selo lembra as previsões do capítulo 13 de São Marcos (Mc 13,24) e de Mt 24,29. A narração faz eco às descrições dos profetas sobre a chegada do Dia do Senhor. O caos do universo deve nos fazer recordar que *"nada somos"* e que de fato temos de nos pôr nas mãos de Deus.

O autor menciona sete classes de pessoas que são afetadas pelo sexto selo, para denotar a universalidade do poder e da ação do Cordeiro triunfante que faz toda a natureza e todas as pessoas se sentirem impotentes diante dele, tomadas pelo terror; elas se escondem em tocas, mas não há esconderijo capaz de proteger e dar segurança a uma má consciência; a conversão é a única saída que resta.

Em meio às provas e calamidades que afligem

a humanidade ao longo da história, os maus se assustam e se desesperam, ao passo que os "bons" (os eleitos, os fiéis autênticos) vivem numa expectativa gloriosa porque sabem que Deus dirige a história. Os incrédulos são as primeiras vítimas do medo.

Os que acreditam sabem que tudo quanto lhes acontecer será para seu bem.

(In: *O Apocalipse em Perguntas e Respostas*, Juan Ignacio Alfaro, Edições Loyola, São Paulo, 1996.)

O anjo mostra...

"O livro dos sete sigilos. Na mão direita de quem estava sentado no trono vi um livro, escrito por dentro e por fora, e selado com sete sigilos. Vi um anjo forte a apregoar em voz alta: 'Quem é digno de abrir o livro e romper-lhe os sigilos?'"

Ilustração: Gustave Doré

A ARTE DE VIVER

Juízo final

Allan Kardec

62. "Ora, quando o Filho do homem vier em sua majestade, acompanhado de todos os anjos, se assentará sobre o trono da sua glória — reunidas todas as nações diante dele, separará uns dos outros, como um pastor separa os cabritos à esquerda. Então, o rei dirá àqueles que estão à sua direita: "Vinde vós que fostes benditos por meu Pai", etc. (S. Mateus, cap. XXV, V. 31 a 46. — *Evangelho segundo o Espiritismo*, cap. XV).

63. Devendo o bem reinar na Terra, é mister que os Espíritos endurecidos no mal e que pudessem trazer-lhe perturbação, sejam dela excluídos. Deus deixou-lhes o tempo necessário para o seu melhoramento; mas havendo chegado o momento em que o globo deve elevar-se na hierarquia dos mundos, pelo progresso moral dos seus habitantes, a residência nele, tanto dos Espíritos como dos encarnados, será interdita àqueles que não tiverem aproveitado as instruções que receberam. Serão exilados para os mundos inferiores, como outrora o foram para a Terra e os da raça adâmica, sendo substituídos por Espíritos melhores. É esta separação que será presidida por Jesus, e que está figurada por estas palavras do juízo final: "Os bons passarão à minha direita, os demais à esquerda". (Cap. XIII, n.º 31 e seguintes)

64. A doutrina do juízo final, único e universal, pondo de vez fim à humanidade, repugna a razão por implicar a inatividade de Deus durante a eternidade precedente à criação da Terra, e a eternidade seguinte à sua destruição. Perguntareis qual a utilidade, então, do Sol, da Lua e das estrelas, que, segundo a Gênese, foram feitos para iluminar o nosso mundo. Admirareis que uma obra tão imensa tivesse sido feita para tão pouco tempo e em proveito de entes cuja maior parte estava condenada de antemão a suplícios eternos.

65. Materialmente, a concepção do juízo final era, até certo ponto, admissível por aqueles que não procuravam a razão das coisas, quando se supunha toda a humanidade concentrada na Terra, e que tudo no universo tinha sido feito para seus habitantes; no entanto, é inadmissível desde que se sabe existirem milhares de mundos semelhantes, que perpetuam as humanidades durante a eternidade, e entre os quais a Terra é um ponto imperceptível entre os menos apreciáveis.

Só por esse fato se vê que Jesus tinha razão de dizer aos seus discípulos: "Há muitas coisas que não posso dizer-vos, porque as não compreenderíeis", pois era necessário o progresso das ciências para uma sã interpretação de algumas das suas palavras.

(...)

(In: *Allan Kardec Obras Completas*, Opus Editora, São Paulo, 1991.)

A ARTE DE VIVER

BENJAMIN FRANKLIN - Estadista, editor, escritor, músico, filósofo, cientista e inventor norte-americano. Nasceu em Boston. É considerado, em determinados aspectos, o maior dos grandes homens do continente americano. O chefe revolucionário francês Mirabeau classificou-o como o filósofo que mais contribuiu para a expansão dos direitos do homem na Terra. Entre suas inúmeras realizações, foi o inventor do pára-raios; o primeiro a identificar os pólos negativo e positivo da eletricidade. É considerado o pai da hidrodinâmica. Fundou a primeira associação da América - a Sociedade Filosófica Americana. Uma de suas obras famosas é *Regras*. (1706-1790)

> **Trabalha como se tivesse de viver 100 anos; reza como se tivesse de morrer amanhã.**

A ARTE DE VIVER

Apocalipse de São João

(Tradução e notas de Huberto Rohden)

Introdução

1. O Apocalipse (= revelação secreta) é o único livro do novo testamento que se pode chamar profético. Verdade é que também nos evangelhos e nas epístolas dos apóstolos encontramos disseminadas, aqui e acolá, algumas predições do futuro; mas é apenas incidentemente e em número reduzido, ao passo que o Apocalipse se ocupa de preferência com a anunciação de eventos vindouros. A linguagem e a exposição lembram vivamente os livros proféticos do antigo testamento. Como naqueles, predomina também aqui a linguagem figurada, insinuam-se coisas futuras por meio de símbolos e de visões. Mas, enquanto os profetas desempenham o papel de mestres e pastores do seu tempo, e se servem do tempo do futuro Messias apenas como fundo das suas visões, o autor do Apocalipse, muito ao contrário, coloca no primeiro plano aquilo que os videntes da lei antiga divisavam como eventos últimos; o assunto principal são os acontecimentos finais da história.

2. O Apocalipse se intitula a si mesmo obra de João, servo de Jesus Cristo (1, 1. 4. 9; 22, 8). Este João é, consoante a convicção dos primeiros séculos cristãos, idêntico ao apóstolo São João, discípulo predileto de Jesus. Pápias, discípulo dos apóstolos, conhecia o livro, e o declara oriundo do apóstolo João. No mesmo sentido falam São Justino, Santo Irineu, Melito de Sardes, e outros. Só mais tarde apareceu quem ousasse impugnar a autoria de São João, pelo fato de pretenderem os quiliastas estribar no Apocalipse (cap. 20) a sua opinião dos mil anos de prazeres sensuais, que os mártires e justos ressuscitados houvessem de gozar neste mundo. Mal, porém, começou o quiliasmo a perder a sua influência, dissiparam-se também as dúvidas sobre a autenticidade deste documento sacro.

3. Sendo que o conteúdo do Apocalipse foi revelado a São

João para que o consignasse por escrito (1, 11. 19), é de supor que ele tenha redigido este livro não muito depois das visões que teve na ilha de Patmos.

Ora, segundo tradição antiqüíssima da igreja, foi o apóstolo desterrado para Patmos sob o governo do imperador Domiciano; de maneira que o Apocalipse teria sido escrito lá pelo ano 95.

4. Visa este livro, em primeira linha, às igrejas da Ásia Menor, procurando conservá-las na fé e animá-las à constância, no meio dos perigos e das tribulações; pois, pelo fim do século, achavam-se essas cristandades cruelmente perseguidas. O solícito pastor, exilado em ilha solitária, era obrigado a viver longe do seu rebanho, enquanto as pobres ovelhinhas padeciam graves injúrias da parte das autoridades pagãs e da população, como também dos judeus; apareceram hereges, como os nicolaítas e os cerintianos, e outros. Nessas conjunturas não faltou, certamente, entre os cristãos quem receasse pela sorte da igreja de Cristo. O presente livro vinha dar solução ao problema, vaticinando o triunfo final da igreja sobre as potências adversas. Destarte contribuiu para encorajar os fiéis no meio das tribulações, e preservou-os da apostásia da fé.

Mais ainda. Também à igreja universal de todos os tempos vinha o Apocalipse ministrar-lhe motivos de alento e consolação. Sejam quais forem as perseguições, nós sabemos que a igreja sairá triunfante de todas elas, confirmando assim a solene promessa de Cristo: "As portas do inferno não prevalecerão contra ela".

5. Não há livro algum na sagrada escritura que tenha experimentado interpretações tão diversas e desencontradas como o Apocalipse, e isto não apenas com referência a particularidades, mas até quanto à idéia fundamental. Podem-se reduzir a três categorias as explicações principais: a) a interpretação histórico-temporal das visões apocalípticas, teoria essa que estava grandemente em voga nos primeiros séculos do cristianismo, prevendo, sobretudo, a vitória da igreja sobre o judaísmo e o paganismo; b) a exegese histórico-eclesiástica, que cuida encontrar simbolizadas no Apocalipse as vicissitudes da igreja toda, desde os seus primórdios até à sua consumação; c) a interpretação histórico-escatológica, que vê representada nessas visões a história final da igreja nos tempos do anticristo, mas de modo que ao mesmo tempo apareçam esboçados os traços gerais de toda a história anterior da igreja.

É esta última opinião que encontra maior número de adeptos

entre os intérpretes, e que parece a mais provável.

6. A idéia fundamental que passa por todo o Apocalipse, da primeira à última página, e que caracteriza cada uma das suas partes, é a volta de Cristo para o juízo final. As sete mensagens dirigidas às cristandades da Ásia Menor formam como juízo preliminar, que o Senhor institui com as igrejas, a fim de prepará-las para o seu advento final; são, por assim dizer, sete brados de alarme, que previnem os cristãos: Preparai o caminho ao juiz vindouro! Os sete sigilos e as sete trombetas acarretam os castigos de Deus sobre o mundo e a humanidade (cap. 1-11). Segue-se o grande castigo sobre as potências anticristãs, simbolizadas por três animais, e a metrópole pagã de Babilônia (cap. 12-20).

Remata o Apocalipse — e a sagrada escritura — com o aparecimento da vida nova sobre a terra nova e purificada dos horrores do pecado (cap. 21-22).

Apocalipse de São João

Introdução do vidente. Revelação de Jesus Cristo, que Deus lhe deu para manifestar a seus servos o que há de em breve suceder. Tornou-o patente por um anjo a seu servo João, que dá testemunho do que Deus disse e o que Jesus Cristo revelou, tudo quanto viu. Feliz de quem ler e ouvir as palavras proféticas e lhe observar o conteúdo. Porque o tempo está próximo.

João
às sete igrejas na Ásia.

A graça e a paz vos sejam dadas da parte daquele que é, que era, e que há de vir; da parte dos sete espíritos, ante o trono de Deus; e da parte de Jesus Cristo. É ele a testemunha fiel, o primogênito dentre os mortos, o príncipe dos reis da terra. A ele que nos amou e em seu sangue nos lavou dos nossos pecados, que nos fez reino e sacerdotes para Deus, seu Pai — a ele seja glória e poder pelos séculos dos séculos. Amém.

Eis que ele vem sobre as nuvens. Todos os olhos o verão, também os que o transpassaram. Todas as tribos da terra hão de romper em lamentos por causa dele. Deveras, assim é.

Eu sou o alfa e o ômega, diz Deus, o Senhor, Ele, que é, que era e que há de vir — o Onipotente.

Visão inicial. Eu, João, irmão vosso e companheiro de tribulação, no reino e na perseverança em Jesus, estava na ilha chamada Patmos, por causa da palavra de Deus e do testemunho de Jesus. No dia do Senhor fui arrebatado em espírito, e ouvi por detrás de mim uma voz forte como de trombeta, que clamava: "Escreve num livro o que estás vendo e envia-o às sete igrejas: a Éfeso, a Smirna, a Pérgamo, a Tiatira, a Sardes, a Filadélfia e a Laodicéia.

Voltei-me para a voz que me falava, e, estando voltado, vi sete candelabros de ouro, e, no meio dos candelabros, um vulto semelhante a um filho de homem, em veste talar e com um cinto de ouro à altura do peito. Tinha a cabeça e os cabelos brancos como a alvura nívea de lã; os olhos quais chamas de fogo; os pés semelhantes ao bronze candente na forja; a sua voz era como o bramir de grande massas d'água. Levava na mão direita sete estrelas, e da boca saía-lhe uma espada de dois gumes. O seu semblante era como o coruscar do sol em toda a sua veemência.

À vista dele, caí como morto a seus pés. Ao que ele pôs sobre mim a mão direita, dizendo: "Não temas! eu sou o primeiro e o último, eu sou o vivente. Estava morto; mas eis que vivo pelos séculos dos séculos, e tenho as chaves da morte e do inferno. Escreve, pois, o que viste, o que é, e o que há de vir: o mistério das sete estrelas que viste em minha direita, e os sete candelabros de ouro. As sete estrelas são os anjos das sete igrejas, e os sete candelabros são as sete igrejas.

As sete mensagens

A igreja de Éfeso. Ao anjo da igreja em Éfeso escreve: Isto diz aquele que leva na direita as sete estrelas e anda no meio dos sete candelabros de ouro: Conheço as tuas obras, os teus trabalhos a tua paciência; sei que não toleras os maus, que puseste a prova os que se arvoram em apóstolos, sem que o sejam, e que os achaste mentirosos. Também tens paciência e muito sofreste por amor de meu nome, sem desfalecer. Mas tenho contra ti que abandonaste o teu primeiro amor. Lembra-te de que altura caíste. Entra em ti e torna a proceder como procedias a princípio; do contrário, irei ter contigo e removerei do seu lugar o teu candelabro, se não entrares em ti. Uma coisa, porém, tens: é que detestas as obras dos nicolaítas, que também eu detesto.

Quem tem ouvidos ouça o que o espírito diz às igrejas: ao vencedor darei a comer da árvore da vida, que está no paraíso de Deus.

A igreja de Smirna. Ao anjo da igreja em Smirna escreve: Isto diz aquele que é o primeiro e o último, que estava morto e tornou à vida: Conheço a tua tribulação e a tua pobreza — mas és rico. Bem sei quantos ultrajes sofres da parte daqueles que se dizem judeus, sem que o sejam — são antes uma sinagoga de Satanás. Não temas os padecimentos que ainda te aguardam. Eis que o demônio fará lançar ao cárcere alguns de vós, a fim de serdes provados. Tereis de passar por uma tribulação de dez dias. Sê fiel até à morte, e eu te darei a coroa da vida.

Quem tem ouvidos ouça o que o espírito diz às igrejas: o vencedor nada terá de sofrer da morte segunda.

A igreja de Pérgamo. Ao anjo da igreja em Pérgamo escreve: Isto diz aquele que leva a espada afiada de dois gumes:

Sei onde habitas; lá onde Satanás levantou o seu trono. Tu, porém, guardas o meu nome; não me negaste a fé, nem mesmo nos dias em que foi morta entre vós a minha fiel testemunha Antipas, lá onde está o trono de Satanás. Mas tenho contra ti algumas coisas: é que tens aí uns adeptos da doutrina de Balaão, que ensinava a Balac a induzir os filhos de Israel a comerem dos sacrifícios dos ídolos e a praticarem luxúria. Também tens aí uns adeptos das doutrinas dos nicolaítas. Entra, pois, em ti. Do contrário, não tardarei a ir ter contigo para lutar contra eles com a espada da minha boca.

Quem tem ouvidos, ouça o que o espírito diz as igrejas. Ao vencedor darei o maná oculto e uma pedra branca. Na pedra está escrito um nome novo que ninguém conhece, senão aquele que o recebe.

A igreja de Tiatira. Ao anjo da igreja em Tiatira escreve: Isto diz o Filho de Deus, que tem olhos como chamas de fogo, e pés semelhantes a bronze candente: Conheço as tuas obras, o teu amor, a tua fé, as tuas obras de caridade, a tua paciência; sei que tuas últimas obras levam vantagem às primeiras. Mas tenho contra ti que dás liberdade à mulher Jezabel, que se arvora em profetisa e com as suas doutrinas induz os meus servos à luxúria e a comerem dos sacrifícios dos ídolos. Dei-lhe tempo para se converter; ela, porém, não quer converter-se da sua luxúria. Eis que hei de prostrá-la no leito das dores; e os companheiros da luxúria passarão grande tribulação, se não desistirem das suas obras; ferirei de morte a seus filhos, e todas as igrejas conhecerão que sou eu que perscruto os rins e os corações e que a cada um de vós retribuirei segundo merecem as suas obras. A vós outros, porém, em Tiatira que não abraçais semelhantes doutrinas, nem chegastes a conhecer as "profundezas de Satanás" — como eles dizem — a vós declaro: Não vos imporei novos fardos; basta que fiqueis com o que tendes até que eu venha.

Quem vencer e se guiar pelas minhas obras até ao fim, dar-lhe-ei poder sobre os gentios. Há de governá-los com cetro de ferro e esmigalhá-los como vasos de argila. Esse é o poder que recebi de meu Pai. E lhe darei a estrela d'alva.

Quem tem ouvidos ouça o que o espírito diz às igrejas.

A igreja de Sardes. Ao anjo da igreja em Sardes escreve: Isto diz aquele que tem os sete espíritos de Deus e as sete estrelas: Conheço as tuas obras; o teu nome diz que vives, e, no entanto, estás morto. Acorda e fortalece o resto que está para morrer! Pois eu não achei perfeitas diante de Deus as tuas obras. Lembra-te do que recebeste e ouviste; guarda-o e entra em ti. Mas, se não estiveres alerta, virei como ladrão, e não saberás a hora em que te surpreenderei. Entretanto, tens aí em Sardes algumas pessoas que não mancharam as suas vestes; essas irão comigo em vestes alvas, porque o merecem.

O vencedor será vestido de veste alva; nem jamais lhe apagarei o nome do livro da vida; mas confessarei seu nome diante de meu Pai e diante de seus anjos.

Quem tem ouvidos ouça o que o espírito diz às igrejas.

A igreja de Filadélfia. Ao anjo da igreja em Filadélfia escreve: Isto diz o Santo, o Verdadeiro, aquele que tem a chave de Davi, que abre, e ninguém fecha, que fecha, e ninguém abre. Conheço as tuas obras. Eis que deixei aberta diante de ti uma porta, que ninguém pode fechar. Dispões de poucas forças; mas guardaste a minha palavra e não negaste o meu nome. Eis que te darei alguns da sinagoga de Satanás que se dizem judeus; e não o são, mas mentem; farei com que se prostrem a teus pés e reconheçam que te agraciei com meu amor. Porque guardaste a minha palavra sobre a paciência, por isso também eu te guardarei da hora da provação, que sobrevirá a todo o mundo, a fim de experimentar os habitantes da terra. Não tardarei a vir. Guarda o que tens para que ninguém te arrebate a coroa.

Ao vencedor fá-lo-ei coluna do templo de meu Deus, e daí não sairá mais; nela escreverei o nome de meu Deus e o nome da cidade de meu Deus, da nova Jerusalém, que desce do céu, da parte de Deus; e também o meu novo nome.

Quem tem ouvidos ouça o que o espírito diz às igrejas.

A igreja de Laodicéia. Ao anjo da igreja em Laodicéia escreve: Isto diz o Veracíssimo, a testemunha fiel e verídica, o princípio da criação de Deus: Conheço as tuas obras; sei que não és frio nem quente. Oxalá fosses frio ou quente. Mas por que és morno — nem frio nem quente — hei de vomitar-te da minha boca. Estou rico dizes tu; nada me falta — e não sabes que és infeliz, miserável, pobre, cego e nu. Dou-te o conselho de me comprares ouro acrisolado no fogo para enriqueceres; vestes alvas, para te cobrires e já não ostentares o vergonhoso da tua desnudez; e colírio para lavares os olhos e veres. Repreendo e castigo a todos os que amo. Trabalha, pois, com o zelo e entra em ti. Eis que estou à porta e bato. Se alguém prestar ouvido à minha voz e abrir a porta, entrarei em sua casa e me banquetearei com ele, e ele comigo.

Ao vencedor fá-lo-ei sentar-se comigo em meu trono, assim como também eu, vencedor, me sentei com meu Pai em seu trono.

Quem tem ouvidos ouça o que o espírito diz às igrejas.

O drama da vinda de Cristo
Acontecimentos preliminares

A majestade de Deus. Em seguida, tive uma visão: Eis uma porta se abriu no céu; e aquela voz que a princípio ouvira falar-me como trombeta, disse: "Sobe aqui! Mostrar-te-ei o que acontece depois disto". Logo fui arrebatado em espírito; e eis que estava armado no céu um trono, e sobre o trono achava-se alguém sentado. Quem estava sentado apresentava aspecto duma pedra de jaspe e de sardes. Em roda do trono havia um arco-íris, semelhando uma esmeralda. Cercavam o trono outros vinte e quatro tronos, e nesses tronos estavam sentados vinte e quatro anciãos, trajando vestes brancas e com coroas de ouro na cabeça. Do trono partiam relâmpagos e estampidos de trovões. Diante do trono ardiam sete lâmpadas, que são os sete espíritos de Deus. Estendia-se diante do trono um como que mar de cristal. Ao meio, diante do trono e ao redor do mesmo, achavam-se quatro seres vivos, cheios de olhos por diante e por detrás. O primeiro ser era semelhante a um leão, o segundo ser, a um novilho. O terceiro ser tinha o rosto como de homem, e o quarto ser parecia-se com uma águia a voar. Cada um dos quatro seres vivos tinha seis asas, e estavam cheios de olhos por fora e por dentro. Cantavam sem descanso, dia e noite, dizendo: "Santo, santo, santo é o Senhor, Deus onipotente, que era, que é, e que há de vir".

Assim que os quatro seres vivos tributavam glória, honra e ação de graças ao que estava sentado no trono, e que vive pelos séculos dos séculos, os vinte e quatro anciãos prostravam-se diante daquele que se achava sentado no trono e adoravam aquele que vive pelos séculos dos séculos. Depositavam as suas coroas ao pé do trono, dizendo: "Digno és tu, Senhor, Deus nosso, de receber glória, honra e poder. Tu criaste o universo. Por tua vontade é que se fez e foi criado.

O livro dos sete sigilos. Na mão direita de quem estava sentado no trono vi um livro, escrito por dentro e por fora, e selado com sete sigilos. Vi um anjo forte a apregoar em voz alta: "Quem é digno de abrir o livro e romper-lhe os sigilos?" E não havia no céu, nem na terra, nem debaixo da terra quem pudesse abrir o livro e ver o seu conteúdo. Andava eu em grandes prantos por não haver quem fosse digno de abrir o livro, e ver-lhe o conteúdo.

Entrega do livro ao cordeiro. Então me disse um dos anciãos: "Não chores! Eis que venceu o leão da tribo de Judá, o descendente de Davi; ele é que abrirá o livro e lhe romperá os sete sigilos".

Nisto vi, ao meio, diante do trono e dos quatro seres vivos, e no meio ante os anciãos, um cordeiro como que imolado. Tinha sete chifres e sete olhos, que são os sete espíritos de Deus mandados por toda a terra. Aproximou-se e tomou o livro da mão direita de quem se achava sentado no trono. Logo que tomou o livro, os quatro seres vivos e os vinte e quatro anciãos se prostraram diante do cordeiro. Empunhava cada qual uma harpa e uma concha cheia de incenso — que são as orações dos santos. E cantaram um cântico novo, dizendo: "Digno és tu de receber o livro e romper-lhe os sigilos; porque foste imolado, e com teu sangue nos conquistaste para Deus de todas as tribos e línguas, povos e nações. Deles fizeste a nosso Deus reis e sacerdotes que governarão a terra."

Quando estava a olhar, percebi, ao redor do trono, dos seres vivos e dos anciãos, as vozes de muitos anjos; era de milhares de miríades o seu número. Cantavam em altas vozes: "Digno é o Cordeiro imolado de receber poder, riqueza, sabedoria, fortaleza, honra, glória e louvor!"

E toda a criatura que há no céu, na terra debaixo da terra e no mar — tudo quanto neles existe — a todos ouvi cantar: "Ao que está sentado no trono e ao Cordeiro seja louvor honra, glória e poder, pelos séculos dos séculos".

"Amém", responderam os quatro seres vivos; e os vinte quatro anciãos prostraram-se em adoração.

Os quatro primeiros sigilos. Vi então que o Cordeiro rompia o primeiro dos sete sigilos. E ouvi o primeiro dos quatro seres vivos bradar com voz de trovão: "Vem! Olhei; e eis um cavalo branco, e quem nele montava estava armado dum arco. Foi-lhe entregue uma coroa, com a qual ele partiu de vitória em vitória.

Ao romper do segundo sigilo, ouvi o segundo ser vivo dizer: "Vem! Nisto apareceu outro cavalo, cor de fogo, e ao que nele estava montado foi dado o poder de tirar a paz da terra, para que os homens se trucidassem uns aos outros. Pelo que lhe entregaram uma grande espada.

Ao romper do terceiro sigilo, ouvi o terceiro ser vivo dizer: Vem! Olhei; e eis um cavalo preto, e quem nele montava levava uma balança na mão. E percebi uma voz, no meio dos quatro seres vivos, que dizia: "Uma medida de trigo por um denário, e três medidas de cevada por um denário; não faças mal ao vinho e ao óleo".

Ao romper do quarto sigilo, ouvi a voz do quarto ser vivo dizer: Vem! Olhei; e eis um cavalo baio, e quem nele vinha montado chamava-se "Morte"; e ia no seu séquito o inferno. Foi-lhe dado poder sobre a quarta parte da terra, para destruir à espada, à fome, pela peste e por meio das feras da terra.

O quinto sigilo. Ao romper do quinto sigilo, vi debaixo do altar as almas dos que tinham sido mortos por causa da palavra de Deus e pelo testemunho que haviam guardado. Clamavam em altas vozes: "Até quando hesitas, Senhor santo e verdadeiro, em fazer justiça e vingar o nosso sangue dos habitantes da terra?" Ao que entregaram uma veste alva a cada um deles, pedindo-lhes que ainda por um pouco de tempo tivessem paciência, até que se completasse o número de seus companheiros e irmãos que, como eles, haviam de ser mortos.

O sexto sigilo. Ao romper do sexto sigilo, olhei e sobreveio um grande terremoto; o sol se tornou negro como um cilício de luto, a lua se fez toda cor de sangue, e as estrelas do céu caíram sobre a terra, assim como a figueira deixa cair os seus figos verdes, quando sacudida pelo vendaval. O céu recuou como um volume que se enrola. Todos os montes e todas as ilhas moveram-se do seu lugar. Então os reis da terra, os magnatas, os oficiais, os ricos, os poderosos, os escravos e os livres — todos se esconderam nas cavernas e por entre os fraguedos das montanhas. E gritaram aos montes e aos rochedos: "Caí sobre nós e ocultai-nos dos olhos de quem está sentado sobre o trono, e da ira do Cordeiro! Porque chegou o grande dia da ira deles — quem poderá subsistir?"

Assinalação dos escolhidos. Em seguida, vi quatro anjos que estavam de plantão nos quatro cantos do globo, trazendo presos os quatro ventos da terra, para que nenhum vento soprasse pela terra, nem pelo mar, nem através de árvore alguma. Vi ainda outro anjo subir do oriente, com o sinal de Deus vivo. Bradou em alta voz aos quatro anjos a quem foi dado o poder de fazerem mal à terra e ao mar, dizendo: "Não façais mal à terra, nem ao mar, nem às árvores, até que assinalemos na fronte os servos de nosso Deus". E ouvi o número dos assinalados: cento e quarenta e quatro mil de todas as tribos dos filhos de Israel.

Da tribo de Judá doze mil assinalados: da tribo de Ruben doze mil; da tribo de Gad doze mil; da tribo de Aser doze mil; da tribo de Neftali doze mil; da tribo de Manassés doze mil; da tribo de Simeão doze mil; da tribo de Levi doze mil; da tribo de Issacar doze mil; da tribo de Zabulon doze mil; da tribo de José doze mil; da tribo de Benjamin doze mil assinalados.

Os santos diante do trono de Deus. Depois disto tive uma visão. Eis uma multidão que ninguém poderia contar, de todas as nações, tribos, povos e línguas. Estavam diante do trono e em presença do Cordeiro, trajando vestes alvas e com palmas nas mãos. Bradavam em altas vozes: "Salve, Deus nosso! que está sentado no trono, e o Cordeiro!"

Todos os anjos estavam à roda do trono, dos anciãos e dos quatro seres vivos. Prostraram-se sobre os seus rostos, ante o trono e adoraram a Deus, dizendo:

"Deveras! Louvor, glória, sabedoria, agradecimento, honra, poder e fortaleza compete a nosso Deus, pelos séculos dos séculos. Amém!"

Nisto me perguntou um dos anciãos: "Quem são estes, trajados de vestes alvas, e donde vêm?"

"Senhor — respondi-lhe — tu é que sabes."

Tornou-me ele: "Estes são os que vieram de grande tribulação, lavaram as suas vestes e purificaram-nas no sangue do Cordeiro. Por isso é que estão diante do trono de Deus, servindo-o, dia e noite, em seu templo. O que está sentado sobre o trono habita no meio deles. Já não terão fome nem sede; já não cairá sobre eles o sol, nem ardor algum; porque o Cordeiro que está no meio diante do trono os apascentará e conduzirá às fontes das águas da vida: e Deus enxugará dos seus olhos toda a lágrima".

O sétimo sigilo. Ao romper do sétimo sigilo, fez-se silêncio no céu, quase por espaço de meia hora.

Vi que aos sete anjos, que estão diante de Deus, foram entregues sete trombetas. Nisto apareceu outro anjo e colocou-se diante do altar com um turíbulo de ouro; foi-lhe dado muito incenso para que juntamente com as orações dos santos, o deitasse sobre o altar de ouro, em face do trono. Subiu das mãos do anjo, à presença de Deus, o perfume do incenso com as orações dos santos. O anjo tomou o turíbulo, encheu-o de fogo do altar, e lançou-o por terra. Ao que se fizeram ouvir estampidos de trovões, relâmpagos e terremotos. Então os sete anjos com as sete trombetas se prepararam para tocar.

As quatro primeiras trombetas. O primeiro anjo tocou a trombeta — e caiu uma saraivada de fogo misturado com sangue, que foi atirado sobre a terra. Queimou-se a terça parte da terra, a terça parte das árvores, e toda a grama verde pereceu no fogo.

O segundo anjo tocou a trombeta — e um como monte de fogo lançou-se ao mar, e a terça parte do mar mudou-se em sangue, e pereceu um terço das criaturas que vivem no mar, e um terço dos navios foi a pique.

O terceiro anjo tocou a trombeta — e caiu do céu um grande astro, luminoso como um archote, e veio tombar sobre a terça parte dos rios e das fontes d'água. Chama-se "absinto" esse astro. Converteu em absinto a terça parte das águas, e muitos homens morreram dessas águas, porque se tornaram amargas.

O quarto anjo tocou a trombeta — e foi ferida a terça parte do sol, a terça parte da lua e a terça parte das estrelas, de maneira que se lhes escureceu a terça parte, e deixou de resplandecer a terça parte do dia e da noite.

Levantei os olhos e ouvi bradar uma águia que voava pela altura do céu: "Ai, ai, ai dos habitantes da terra, por causa dos restantes toques de trombeta dos três anjos que ainda vão tocar".

A quinta trombeta. O quinto anjo tocou a trombeta — e vi uma estrela cair do céu sobre a terra. Foi-lhe entregue a chave para a caverna do abismo. Abriu a caverna do abismo, e da caverna subiu fumaça como a fumaça duma grande fornalha. Escureceram com a fumaça da caverna o sol e o ar. Do interior da fumaça saíram gafanhotos, que se foram pela terra. E foi-lhes dado um poder igual ao dos escorpiões da terra. Mas tiveram ordem de não fazer mal à grama da terra, nem à verdura, nem à arvore alguma, senão somente aos homens que não levassem na fronte o sigilo de Deus. Não tiveram, todavia permissão de os matar, mas apenas atormentar por espaço de cinco meses. A sua mordedura dói como a do escorpião quando fere o homem.

Nesses dias, buscarão os homens a morte, mas não a encontrarão; desejarão morrer, mas a morte fugirá deles. Aqueles gafanhotos pareciam corcéis prestes a entrar em batalha. Levavam na cabeça umas como coroas de ouro. O seu rosto era parecido com o rosto humano. Tinham cabelos como cabelos de mulher. Os seus dentes eram quais dentes de leões. Vestiam couraças que pareciam de ferro. O ruído das suas asas assemelhava-se ao estrépito de numerosos carros de batalha a arremessar-se à peleja. Tinham caudas e ferrões como de escorpião. Com as suas caudas podiam fazer mal aos homens durante cinco meses. Têm acima de si, como rei, o anjo do abismo, que em hebraico se chama Abaddon, em grego: *Appollyon*.

Assim passou a primeira calamidade. Mas eis que ainda seguem duas calamidades.

A sexta trombeta. O sexto anjo tocou a trombeta — e ouvi uma voz que partia dos quatro cantos do altar de ouro, que está em face de Deus. Dizia ao sexto anjo, que levava a trombeta: "Solta os quatro anjos que se acham presos à margem da grande torrente Eufrates". E foram postos em liberdade os quatro anjos, que estavam prontos para matar a terça parte dos homens, em determinado dia, mês e ano. O número desse exército de cavalaria montava a vinte mil vezes dez mil — foi o número que ouvi. A visão que tive dos cavalos e cavaleiros foi esta: vinham armados de couraças cor de fogo, cor de jacinto e cor de enxofre. Os cavalos tinham cabeças de leões, e da boca saía-lhes fogo, fumaça e enxofre. A estes três flagelos — o fogo, a fumaça e o enxofre, que lhes saíam da boca — sucumbiu a terça parte dos homens. A força desses cavalos está na boca e na cauda. As suas caudas parecem serpentes munidas de cabeças, e com estas fazem mal. Mas nem por isso os outros homens que não pereceram a esses flagelos, desistiram das obras das suas mãos, continuando a adorar os demônios e os ídolos de ouro, de prata, de bronze, de pedra e de madeira — ídolos incapazes de ver, de ouvir e de andar. Nem se converteram dos seus homicídios, das suas feitiçarias, da sua luxúria e dos seus roubos.

O anjo com o livrinho aberto. Vi ainda outro anjo, poderoso, que descia do céu, envolto numa nuvem e com um arco-íris sobre a cabeça. O seu rosto brilhava como o sol, e seus pés pareciam colunas de fogo. Trazia um livrinho aberto na mão. Pôs o pé direito sobre o mar, e o esquerdo sobre a terra, e soltou um brado veemente, como o rugido do leão. A seu brado fizeram os sete trovões ouvir a sua voz. Depois de expirarem os sete trovões, dispus-me a escrever, mas uma voz do céu dizia: "Guarda sob sigilo o que os trovões disseram; mas não o escrevas".

Nisto o anjo que eu vira de pé sobre o mar e sobre a terra levantou a mão direita ao céu e jurou por aquele que vive pelos séculos dos séculos, que criou o céu e tudo o que nele há, a terra e tudo o que nela existe, o mar e tudo o que ele encerra: "Não há mais tempo. Mas nos dias em que o sétimo anjo se dispuser a tocar a trombeta, se cumprirá o desígnio secreto de Deus, conforme anunciou aos seus servos, os profetas".

E a voz que eu ouvira do céu tornou a falar-me dizendo: "Vai toma o livrinho aberto da mão do anjo que está em pé sobre o mar e sobre a terra". Fui ter com o anjo e pedi-lhe que me desse o livrinho. Ao que ele me disse: "Toma lá e come-o. Amargar-te-á o estômago, mas para a boca será doce como mel". Tomei o livrinho da mão do anjo e comi-o. Na boca era doce como mel, mas depois que o comi, tornou-se amargo no estômago. Ao que ele me disse: "E' necessário que tornes a profetizar sobre numerosas nações, povos, línguas e reis".

A cidade santa e as duas testemunhas. Entregaram-me uma cana, espécie de bastão, dizendo-me: "Levanta-te e vai medir o templo de Deus, o altar e os que nele adoram. Deixa, porém, de parte o átrio exterior do templo; não o meças. Está entregue aos gentios, que hão de calcar a cidade santa por espaço de quarenta e dois meses. Darei ordem às minhas duas testemunhas para pregarem durante mil, duzentos e sessenta dias, em vestes penitenciais. São elas as duas oliveiras e os dois candelabros que estão diante do Senhor da terra. Se alguém lhes quiser fazer mal, sair-lhes-á fogo da boca e devorará seus inimigos. Quem, pois, lhes quiser fazer mal perecerá deste modo. Assiste-lhes o poder de fecharem o céu, de sorte que não cairá chuva, nos dias da sua pregação. Têm também o poder de converter em sangue as águas e de ferir a terra com toda a espécie de pragas, quantas vezes quiserem. Quando houverem acabado o seu testemunho, então a fera que sobe do abismo os há de guerrear, vencendo e matando-os. Os seus corpos ficarão estendidos nas ruas da grande cidade, que em figura se chama Sodoma e Egito, e onde foi crucificado seu Senhor. Uns quantos homens das tribos, povos, línguas e nações verão os cadáveres deles por espaço de três dias e meio e não permitirão que se dê sepultura a seus corpos.

Alegrar-se-ão por causa deles os habitantes da terra; folgarão e mandarão brindes uns aos outros, porque esses dois profetas eram um tormento para os habitantes da terra. Passados, porém, aqueles três dias, entrou neles o espírito vital vindo de Deus; puseram-se de pé; e grande temor se apoderou dos que os viram. Ouviu-se uma voz forte vinda do céu, dizendo-lhes: "Subi aqui!" E à vista dos seus inimigos, subiram ao céu numa nuvem.

Nessa mesma hora houve um grande terremoto, desabou a décima parte da cidade, e sete mil pessoas encontraram a morte no terremoto. Os restantes encheram-se de terror e deram glória a Deus.

Passou-se o segundo ai; eis que não tardará o terceiro ai.

A sétima trombeta. O sétimo anjo tocou a trombeta — e fizeram-se ouvir no céu grandes vozes que diziam: "Coube a nosso Senhor e a seu Ungido o reino do mundo; reinará pelos séculos dos séculos.

Ao que os vinte e quatro anciãos, que estão sentados nos seus tronos, em face de Deus, se prostraram de bruços e adoraram a Deus, dizendo: "Graças te damos, Senhor, Deus onipotente, que és, que eras, porque assumiste o teu grande poder e tomaste posse do reino. Irritaram-se as nações; sobreveio, porém, a tua ira e o tempo de julgares os mortos e recompensares os teus servos, os profetas, os santos e os que temem o teu nome, pequenos e grandes; e o tempo de perderes os que corrompem a terra".

Abriu-se então no céu o templo de Deus; apareceu em seu templo a arca da sua aliança. Seguiram-se relâmpagos, estampidos de trovões, terremotos, e fortes saraivadas.

O dragão à espreita. Apareceu no céu um grande sinal: uma mulher vestida do sol, com a lua debaixo dos pés, e uma coroa de doze estrelas sobre a cabeça. Estava grávida e clamava com as dores e angústias do parto.

Ainda outro sinal apareceu no céu: eis um grande dragão cor de fogo, com sete cabeças e dez chifres, e com sete diademas nas suas cabeças. Com a cauda varreu a terça parte das estrelas do céu, atirando-as sobre a terra. Colocou-se o dragão diante da mulher que estava para dar à luz, a fim de lhe devorar o filho, logo depois de nascido. Deu ela à luz um filho varão, que há de reger com cetro de ferro todos os povos. Mas o filho foi arrebatado para o seu trono junto de Deus. A mulher, porém, fugiu para o deserto, onde Deus lhe preparara um lugar, para que aí encontrasse sustento por espaço de mil e duzentos e sessenta dias.

Vitória de Miguel sobre o dragão. Travou-se então uma luta no céu. Miguel e seus anjos combatiam contra o dragão, e também o dragão e seus anjos pelejavam. Mas estes não puderam resistir, perdeu-se o lugar deles no céu. Foi precipitado o grande dragão, a antiga serpente, chamada demônio e Satanás, que seduz todo o mundo; foi lançado sobre a terra, e com ele foram lançados os seus anjos. Nisto percebi no céu uma voz forte, que dizia: "Veio a salvação, o poder, o reino de nosso Deus, e o império de seu Ungido. Acaba de ser precipitado o acusador dos nossos irmãos, que dia e noite lhes fazia carga diante de nosso Deus. Venceram-no pelo sangue do Cordeiro e pela palavra do testemunho que deram; tão pouco apego tiveram à sua vida que lhe preferiam a morte. Pelo que alegrai-vos, ó céus, e vós, que neles habitais. Mas ai da terra e do mar! porquanto o demônio desceu a vós com grande ira, sabendo quão breve é o prazo que lhe resta".

Luta do dragão com a mulher. Vendo-se o dragão precipitado sobre a terra, deitou a perseguir a mulher que dera à luz o filho varão. Mas foram dadas à mulher duas grandes asas de águia para que voasse ao deserto, ao lugar, onde, longe da serpente, fosse sustentada por um tempo, por dois tempos, e por meio tempo. Então a serpente lançou das suas fauces torrentes de água no encalço da mulher, para arrebatá-la nas vagas. Mas a terra veio em auxilio da mulher; abriu a boca e absorveu a torrente que o dragão lançara das fauces. Exasperou-se o dragão contra a mulher, e saiu a guerrear os demais filhos dela que observam os mandamentos de Deus e aderem ao testemunho de Jesus.

A fera vinda do mar. Estava eu na praia do mar, quando se me deparou um animal subindo das águas. Tinha dez chifres e sete cabeças levando dez diademas sobre os seus chifres, e um nome blasfemo sobre as cabeças. O animal que eu via assemelhava-se a um leopardo, tendo pés como de urso, e boca como de leão. O dragão deu-lhe a sua força, o seu trono e o seu grande poder. Uma das suas cabeças estava ferida de morte, mas a ferida mortal sarou. Todo o mundo, maravilhado, seguiu o animal, adorando o dragão por ter outorgado o poder ao animal. Adoraram também o animal, dizendo: "Quem é semelhante a este animal? E quem poderá lutar com ele?" Foi-lhe dada uma boca que proferia arrogâncias e blasfêmias, e teve permissão de proceder assim por espaço de quarenta e dois meses. Abriu a boca para lançar blasfêmias contra Deus, para injuriar-lhe o nome, o tabernáculo e os habitantes do céu. E foi-lhe também permitido guerrear os santos e derrotá-los. Foi-lhe dado poder sobre todas as nações, tribos, línguas e povos. Adorá-la-ão todos os habitantes da terra, aqueles cujos nomes não se acham, desde o princípio do mundo, escritos no livro da vida do cordeiro que foi imolado.

Quem tem ouvidos ouça. Quem reduzir outros ao cativeiro, será cativo ele mesmo. Quem ferir pela espada, pela espada morrerá. Aqui é ter paciência e a fé dos santos.

A fera vinda da terra. Vi mais outro animal, que subia da terra. Tinha um par de chifres como o carneiro, mas falava como um dragão. Exerce aos olhos do primeiro animal o mesmo poder que este e leva a terra e seus habitantes a adorarem o primeiro animal, curado da ferida mortal. Realiza grandes prodígios, mandando até cair fogo do céu sobre a terra, à vista dos homens. Com os prodígios que lhe é dado operar aos olhos do animal seduz os habitantes da terra. Induzindo os habitantes da terra a fabricarem uma imagem do animal que fora ferido a espada e continuara a viver. Foi-lhe permitido, outrossim, insuflar vida à imagem do animal de maneira que a imagem do animal falava e mandava matar todos os que não adorassem a imagem do animal. Fez com que todos — pequenos e grandes, ricos e pobres, livres e escravos — levassem uma marca na mão direita ou na fronte. Ninguém podia comprar nem vender sem que levasse esta marca: o nome do animal, ou então o número do seu nome. Aí é ter sabedoria! Quem for inteligente calcule o número do animal; é o número de um homem. O número é seiscentos e sessenta e seis.

O Cordeiro e seu cortejo. Levantei os olhos, e eis que o Cordeiro estava no alto do monte Sião, e com ele estavam cento e quarenta e quatro mil, que traziam gravado na fronte o nome dele e o nome do seu Pai. Ouvi uma voz do céu, semelhante ao bramir de muitas águas e semelhante ao ribombar de um grande trovão. A voz que eu ouvia era como de tocadores de harpas a tangerem as suas harpas. Cantavam um cântico novo ante o trono, ante os quatro seres vivos e os anciãos. Ninguém podia aprender esse cântico senão aqueles cento e quarenta e quatro mil, resgatados da terra. Estes são os que não se mancharam com mulheres: são virgens, e seguem o Cordeiro aonde quer que ele vá. Foram resgatados dentre os homens, primícias para Deus e o Cordeiro. Jamais saiu da sua boca uma mentira. São imaculados.

Os três anjos vingadores. Vi outro anjo a voar pelas alturas do céu. Tinha de levar uma mensagem de eterna salvação aos habitantes da terra, a todas as nações, tribos, línguas e povos. Bradou em altas vozes: "Temei a Deus e glorificai-o! E' chegada a hora do seu juízo. Adorai a quem criou o céu, a terra, o mar e as fontes d'água".

Seguiu-o outro anjo, bradando: "Caiu, caiu a grande Babilônia, que com o vinho inebriante da sua luxúria embriagava todos os povos".

A eles seguiu-se um terceiro anjo, clamando: "Quem adorar o animal e sua imagem e lhe aceitar a marca na fronte ou na mão, terá de beber o vinho ardente de Deus, que sem mescla foi infundido no cálice da sua ira; com fogo e enxofre será atormentado aos olhos dos santos anjos e do Cordeiro. O fumo dos seus tormentos subirá pelos séculos dos séculos. Não terão repouso nem de dia nem de noite os que adorarem o animal e sua imagem, e aceitarem a marca do seu nome. Aqui é que se manifesta a perseverança dos santos que guardam os mandamentos de Deus e a fé em Jesus".

Ouvi do céu uma voz que dizia: "Escreve: Bem-aventurados desde agora os mortos que morrerem no Senhor. Em verdade, diz o Espírito, descansarão dos seus trabalhos; porque as suas obras os acompanham".

Os três anjos ceifadores. Levantei os olhos, e eis uma nuvem branca, e sobre a nuvem branca estava sentado alguém semelhante a um filho de homem. Tinha na cabeça uma coroa de ouro, e na mão uma foice aguda. Saiu do templo outro anjo e clamou em voz alta ao que estava sentado sobre a nuvem: "Estende a tua foice e ceifa; porque é chegada a hora da colheita; estão maduras as searas da terra". Então o que estava sentado sobre a nuvem passou a foice pela terra — e a terra estava ceifada.

Saiu do templo celeste outro anjo, levando também ele uma foice aguda.

Mais outro anjo assomou da parte do altar: tinha poder sobre o fogo, e bradou em voz alta ao que empunhava a foice aguda: "Estende a tua foice aguda e corta os cachos da vinha da terra: porque as suas uvas estão maduras".

Ao que o anjo passou a sua foice pela terra e cortou os cachos da vinha da terra, atirando-os ao grande lagar da ira de Deus. Foi o lagar pisado fora da cidade. O sangue que saía do lagar subiu e chegou até aos freios dos cavalos, numa extensão de mil e seiscentos estádios.

Os sete anjos com as conchas. Vi ainda outro sinal do céu, grandioso e admirável: sete anjos com os sete flagelos últimos, pelos quais havia de consumar-se a ira de Deus. Antolhava-se-me um como mar de cristal, misturado com fogo; à beira deste mar de cristal estavam os que tinham vencido o animal e a sua imagem e o número do seu nome, empunhando as harpas de Deus. Cantavam o cântico de Moisés, servo de Deus, e o cântico do Cordeiro, dizendo: "Grandes e admiráveis são as tuas obras, ó Senhor, Deus onipotente! Justos e verdadeiros são os teus caminhos, ó Rei dos povos! Quem não te temeria, Senhor? Quem não glorificaria o teu nome? Porque só tu és santo. Virão adorar-te todos os povos, porque se revelaram os teus justos juízos".

Em seguida, vi como no céu se abria o templo com o tabernáculo da aliança. Do templo saíram os sete anjos com os sete flagelos, vestidos de alvinitente linho e com uma cinta de ouro ao peito. Um dos quatro seres vivos entregou aos sete anjos sete conchas de ouro, cheias da ira de Deus, que vive pelos séculos dos séculos. Encheu-se o templo com o fumo da majestade e do poder de Deus. Ninguém podia entrar no templo, enquanto não se consumassem os sete flagelos dos sete anjos.

Efusão das quatro primeiras conchas. Ouvi uma voz forte que vinha do templo e dizia: aos sete anjos: "Ide e derramai sobre a terra as sete conchas da ira de Deus".

Ao que o primeiro foi derramar a sua concha sobre a terra — e nasceram úlceras cruéis e malignas aos homens que levavam a marca do animal e lhe haviam adorado a imagem.

O segundo anjo derramou a sua concha sobre o mar — e ele ficou como sangue de defunto, e pereceu tudo quanto vivia no mar.

O terceiro anjo derramou a sua concha sobre os rios e as fontes d'água — e converteram-se em sangue. E ouvi o anjo das águas dizer: "Justo és tu, que és e que eras, tu, que és santo, porque assim julgaste! Derramaram o sangue dos justos e dos profetas; pelo que lhes deste sangue a beber, como mereceram". E ouvi alguém falar da parte do altar: "Sim, Senhor, Deus onipotente, verdadeiros e justos são os teus juízos".

O quarto anjo derramou a sua concha sobre o sol — e foi-lhe dado o poder de queimar a gente com o fogo. Viram-se os homens abrasados de grandes ardores; mas blasfemavam o nome de Deus, que tem poder sobre semelhantes flagelos; não entravam em si nem o glorificavam.

Efusão das três últimas conchas. O quinto anjo derramou a sua concha sobre o trono do animal — e fez-se tenebroso o reino dele. Os homens mordiam a língua, de dor; mas blasfemavam ao Deus do céu por causa dos seus tormentos e das suas úlceras, e não desistiram das suas obras.

O sexto anjo derramou a sua concha sobre o rio Eufrates — e estancaram-se-lhe as águas para abrir caminho aos reis do Oriente. E vi sair da boca do dragão, da boca do animal e da boca do falso profeta, três espíritos impuros, semelhantes a rãs. São espíritos diabólicos, que operam prodígios e vão ter com os reis de toda a terra, a fim de os reunir para a luta no grande dia de Deus onipotente. "Eis que venho como ladrão. Bem-aventurado quem vigiar e tiver conta das suas vestes, para que não ande nu e se lhe veja a desnudez!" Reúnem-nos no lugar que em hebraico se chama Armagedon.

O sétimo anjo derramou a sua concha sobre o ar — e do templo, da parte do trono, soou uma voz forte, dizendo: "Acabou-se!" Seguiram-se relâmpagos, estampidos, trovões, e um grande terremoto, tão terrível que não há memória entre os homens de outro igual. Desfez-se em três partes a grande cidade, e desabaram as cidades dos pagãos. É que Deus se recordou da grande Babilônia, e propinou-lhe o cálice do vinho ardente da sua ira. Desapareceram todas as ilhas, e não se viam mais montanhas. Uma formidável saraivada caiu em arrobas sobre os homens. Os homens, porém, blasfemavam a Deus por causa do flagelo da saraivada , porque era violentíssimo esse flagelo.

A grande meretriz. Aproximou-se um dos sete anjos que tinham as sete conchas e disse-me: "Vem, que te mostrarei o juízo sobre a grande meretriz sentada à beira de vastas águas. Praticaram luxúrias com ela os reis da terra, e os habitantes da terra se inebriaram com o vinho da sua prostituição". E arrebatou-me em espírito a um deserto. Aí vi uma mulher montada numa fera cor de escarlate, cheia de nomes blasfemos, com sete cabeças e dez chifres. Estava a mulher vestida de púrpura e escarlate, adornada de ouro, pedras preciosas e pérolas; levava na mão uma taça de ouro repleta da sua abominável e imunda luxúria. Trazia escrito na fronte um nome misterioso: "A grande Babilônia, mãe das meretrizes e das abominações do mundo". Vi a mulher ébria do sangue dos santos e do sangue dos mártires de Jesus. O seu aspecto encheu-me de grande pasmo.

Disse-me então o anjo: "A que vem esse pasmo? Explicar-te-ei o mistério da mulher e da fera em que ela vem montada, a qual tem sete cabeças e dez chifres. A fera que acabas de ver existiu, mas já não existe; tornará, todavia, a subir do abismo, e voltará a perecer. À vista da fera que existiu, que não mais existe e que voltará, espantar-se-ão os habitantes da terra cujos nomes não se acharem escritos no livro da vida desde a criação do mundo. Aqui é ter juízo a par de sabedoria!

As sete cabeças significam os sete montes sobre os quais repousa a mulher, e significam sete reis. Cinco deles já caíram; um subsiste; o outro ainda não chegou; e, quando chegar, ficará pouco tempo. A fera que existiu e já não existe é da sua parte o oitavo. Oriundo dos sete, caminha para a perdição. Os dez chifres que viste são dez reis que ainda não assumiram o poder, mas juntamente com a fera têm poder régio, por espaço de uma hora. São unânimes e comunicam a sua força e seu poder à fera. Farão guerra ao Cordeiro, mas o Cordeiro os levará de vencida — porque ele é o Senhor dos senhores e o Rei dos reis — e juntamente com ele os chamados, os escolhidos e os fiéis.

Disse-me ainda: "As águas, junto às quais viste sentada a meretriz, significam povos, nações e línguas. Os dez chifres que viste, e a fera odiarão a meretriz, deixando-a ao desamparo e à desnudez, devorando-lhe as carnes e fazendo-a perecer no fogo. É que Deus lhes pôs no coração executarem os seus desígnios, agirem unânimes e entregarem o seu poder à fera, até que se cumpram as palavras de Deus. A mulher que viste é a grande cidade que domina sobre os reis da terra.

Queda de Babilônia. Depois disto, vi outro anjo descer do céu; tinha grande poder, e a terra se iluminou com seu esplendor. Bradou com voz forte: "Caiu, caiu a grande Babilônia! Tornou-se habitação de demônios, asilo de todos os espíritos impuros, guarida de todas as aves imundas e repugnantes. Porque todos os povos beberam do vinho inebriante da sua luxúria, os reis da terra fornicaram com ela, e os mercadores da terra enriqueceram com os excessos das suas libertinagens".

Ouvi outra voz a bradar do céu: "Retirai-vos dela, povo meu, para que não tenhais parte nos seus delitos, nem lhe sofrais os flagelos; porquanto os seus pecados se acumulam até ao céu e o Senhor se recordou das suas iniqüidades. Retribuí-lhe o que ela fez, e pagai-lhe o dobro das suas obras.

Propinai-lhe o duplo do cálice que ela propinou. Fazei-a pagar em tormento e aflição o muito que passou em glórias e voluptuosidades. Estou no meu trono de rainha — diz ela no seu coração — não sou nenhuma viúva, nem conheço luto. Por isso virão num só dia os seus flagelos: a morte, o luto, a fome; será queimada no fogo; porque poderoso é Deus, o Senhor.

A grande lamentação. Os reis da terra que com ela viveram em luxúria e voluptuosidades hão de chorar e lamentá-la, quando virem o fumo do seu incêndio. Ficarão a distância, com medo dos seus tormentos, clamando: "Ai, ai! grande cidade de Babilônia! Cidade tão poderosa! eis que numa só hora desabou sobre ti o juízo!"

Os mercadores da terra chorá-la-ão entre lamentos: porque já não há quem lhes compre as mercadorias; artigos de ouro e de prata, pedras preciosas e pérolas, linho, púrpura, seda e escarlate; toda a espécie de madeira odorífera e toda a espécie de utensílios de marfim; toda a qualidade de utensílios de madeira preciosa, de bronze, de ferro e de mármore; canela e especiarias, perfumes, mirra e incenso; vinho, azeite, flor de farinha e trigo; gado, ovelhas, cavalos, novilhos e carros; escravos e servos da gleba. Fugiram de ti os frutos, delícias do teu coração; lá se foi tudo que era brilho e pompa, e nunca mais voltará.

Os que com isto negociavam e enriqueciam conservar-se-ão longe dela, com medo dos seus tormentos, e, por entre lágrimas e lamentos, clamarão: "Ai, ai! cidade tão grande! vestida de linho, púrpura e escarlate, coberta de ouro, pedras preciosas e pérolas. Numa só hora foi reduzida a nada tamanha riqueza!"

Todos os pilotos, nautas, mareantes e todos quantos trabalham no mar conservaram-se arredios, e à vista do fumo do seu incêndio, exclamaram: "Que cidade houve jamais tão grande como esta?" Cobriram de cinzas a cabeça e diziam entre choros e lamentos: "Ai, ai daquela grande cidade! dos seus tesouros enriqueceram todos os que tinham embarcações no mar e numa só hora foi assolada!"

Exultai sobre ela, ó céus, e vós, santos, apóstolos e profetas! porque Deus vingou a sentença que ela proferiu sobre vós.

A cidade deserta. Então um anjo poderoso suspendeu uma pedra, do tamanho duma mó, e lançou-a ao mar, dizendo: "Com igual veemência será precipitada Babilônia, a grande cidade, e não será jamais encontrada. Nunca mais se ouçam em ti melodias de harpas ou cânticos, nem som de flauta ou trombeta! Nunca mais se encontre em ti artista de arte alguma nem jamais se perceba em ti ruído de moinho! Nenhuma luz de lâmpada há de em ti brilhar, nenhuma voz de esposo e de esposa se há de ouvir em teu interior! Os teus mercadores, senhores do mundo, seduziram com suas magias todos os povos. Está manchada do sangue dos profetas e dos santos, e de todos os que na terra foram trucidados".

O júbilo no céu. Depois disto ouvi no céu uma voz possante, como de grandes multidões, bradando: "Aleluia! A salvação, a glória e o poder competem ao nosso Deus! Verdadeiros e justos são os seus juízos. Julgou a grande meretriz, que com sua luxúria corrompia a terra; vingou o sangue dos seus servos com que ela manchou as suas mãos".

E continuaram a clamar: "Aleluia! O fumo dela sobe pelos séculos dos séculos!"

Então se prostraram os vinte e quatro anciãos e os quatro seres vivos, e adoraram a Deus sentado no trono, dizendo: "Amém, Aleluia!" E uma voz saiu do trono, dizendo: "Louvai ao nosso Deus, vós todos seus servos, vós que o temeis, pequenos e grandes!"

E ouvi uma grande multidão cantar como o marulhar de muitas águas e o ribombar de veementes trovões: "Aleluia! Tomou posse do seu reino o Senhor nosso Deus, o Onipotente! Alegremo-nos, exultemos e glorifiquemo-lo; porque chegaram as núpcias do Cordeiro, e sua esposa se preparou; entregaram-lhe uma veste de obras justas dos santos.

Ao que ele me disse: "Escreve: Bem-aventurados os que são chamados ao banquete nupcial do Cordeiro". E acrescentou: "São estas as verdadeiras palavras de Deus".

Então me lancei a seus pés para o adorar. Ele, porém, me disse: "Olha, que não o faças! Pois eu não passo dum servo teu e de teus irmãos, que têm o testemunho de Jesus. Adora a Deus". O testemunho de Jesus é o espírito de profecia.

O vencedor montado no cavalo branco, Vi o céu aberto; e eis um cavalo branco, e quem nele vinha montado chama-se o Fiel, o Verdadeiro. Julga e combate com justiça. Os seus olhos brilham como chamas de fogo, e traz muitos diademas na cabeça e inscrito um nome que ninguém conhece senão ele só. Traja uma veste ensangüentada; o seu nome é Verbo de Deus". Seguiam-no os exércitos celestes, montados em cavalos brancos, vestidos de alvinitente linho. Saía-lhe da boca uma espada aguda com que ferisse os povos. Governá-los-á com cetro de ferro, e pisará o lagar da ira veemente de Deus todo-poderoso. Na veste, à ilharga, leva escrito o nome: Rei dos reis, Senhor dos senhores.

Juízo sobre a fera e o falso profeta. Nisto vi um anjo colocado dentro do sol, que clamava em voz alta a todas as aves que voavam pelo espaço celeste: "Vinde reunir-vos para o grande festim de Deus! Comereis carnes de reis, carnes de chefes militares, carnes de poderosos, carnes de cavalos e seus cavaleiros, carnes de todos os livres e escravos, pequenos e grandes.

Vi reunidos a fera e os reis da terra com seus exércitos, a fim de guerrearem o cavaleiro e seu exército. Foi presa a fera juntamente com o falso profeta, que por virtude sua operava prodígios, seduzindo os que levavam a marca do animal e lhe adoravam a imagem. Foram os dois lançados vivos num tanque de fogo a arder com enxofre. Os restantes pereceram pela espada que saía da boca do cavaleiro; e todas as aves fartaram-se das suas carnes.

Captura de Satanás. Vi descer do céu um anjo. Empunhava a chave do abismo e uma grande corrente. Prendeu o dragão, a serpente antiga — que é o demônio Satanás — e algemou-o por espaço de mil anos; precipitou-o ao abismo, fechou-o e pôs selo sobre ele para que não mais seduzisse os povos até que se completassem os mil anos. Depois disto será posto em liberdade por pouco tempo.

Reino milenar. Vi também tronos. Os que neles se sentaram foram incumbidos do julgamento. E vi almas dos que foram degolados por causa do testemunho de Jesus e por causa da palavra de Deus, almas que não adoraram o animal, nem a sua imagem, nem lhe aceitaram a marca na fronte e nas mãos. Tornaram à vida, e reinaram com Cristo por mil anos. Os outros só reviverão, depois de expirarem os mil anos. É esta a primeira ressurreição. Bem-aventurado e santo aquele que tomar parte na primeira ressurreição. Não tem sobre eles poder a segunda morte. Serão sacerdotes de Deus e de Cristo, reinando com ele durante mil anos.

Queda de Satanás. Decorridos, porém, os mil anos, será Satanás solto do seu cárcere. Sairá pelos quatro cantos da terra e seduzirá os povos, a Gog e a Magog, reunindo-os para a luta. O número deles será como as areias do mar. Espalhar-se-ão pela superfície da terra, cercando o acampamento dos santos e a cidade tão querida. Mas descerá fogo do céu devorando-os. O demônio, que os seduzia, será lançado ao tanque de fogo e enxofre, juntamente com o animal e o falso profeta. Serão atormentados, dia e noite, pelos séculos dos séculos.

Proclamação do reino eterno. Vi então um trono grande e brilhante e alguém sentado nele. Da sua presença fugiu o céu e a terra, e não foi achado mais o lugar deles. Vi os mortos, grandes e pequenos, de pé diante do trono. Abriram-se livros. Mais outro livro foi aberto, que é o livro da vida. Foram os mortos julgados segundo as suas obras, assim como estava escrito nos livros. O mar expeliu os mortos que encerrava. Também a morte e o inferno entregaram os mortos que continham; e foi julgado cada um segundo as suas obras. Ao que a morte e o inferno foram lançados ao tanque de fogo. É esta a segunda morte, o tanque de fogo. Quem não se achava inscrito no livro da vida era lançado ao tanque de fogo.

O novo céu e a nova terra. Vi então um novo céu e uma nova terra. O primeiro céu e a primeira terra lá se foram; e o mar já não existe. E eu vi a cidade santa, a nova Jerusalém, descendo do céu da parte de Deus, preparada como uma noiva adornada para seu noivo. E, do trono, ouvi uma voz forte dizer: "Eis o habitáculo de Deus entre os homens! Habitará no meio deles; eles serão o seu povo e ele, Deus, estará com eles. Enxugará dos seus olhos toda a lágrima; já não haverá morte, nem luto nem lamento nem dor; porque passaram as coisas de outrora". E disse aquele que estava sentado no trono: "Eis que renovo todas as coisas!" E acrescentou: "Escreve: estas palavras são de confiança e verídicas". E prosseguiu: "Acabou-se! Eu sou o alfa e o ômega, o princípio e o fim. Ao que tiver sede lhe darei de graça água da fonte da vida. Quem vencer receberá isto; eu lhe serei Deus, e ele será meu filho. Aos covardes, porém, aos incrédulos, aos ímpios, aos homicidas, aos impuros, aos feiticeiros, aos idólatras e a todos os mentirosos: tocar-lhes-á em partilha o tanque de fogo e enxofre. É esta a segunda morte.

A nova Jerusalém. Veio então um dos sete anjos com as conchas repletas dos sete flagelos últimos, e disse-me: "Vem, que te mostrarei a noiva, a esposa do Cordeiro". E arrebatou-me em espírito a um monte de grande extensão e altura, e mostrou-me a cidade santa Jerusalém a descer do céu, da parte de Deus, com divina claridade. Brilhava como uma pedra preciosa, como o jaspe cristalino. Tinha uma grande e elevada muralha e doze portais. Encimavam os portais doze anjos. Havia nomes gravados nos portais, os nomes das doze tribos de Israel. Três portais davam para o leste, três para o norte, três para o sul e três para o oeste. A muralha da cidade tinha doze pedras fundamentais, em que estavam gravados os nomes dos doze apóstolos do Cordeiro.

Aquele que falava comigo trazia uma vara métrica de ouro, para medir a cidade, os seus portais e a sua muralha. A cidade está construída em quadro, sendo o seu comprimento igual à sua largura. Mediu a cidade com a sua vara: eram doze estádios. São iguais o seu comprimento, largura e altura. Mediu-lhe a muralha: eram cento e quarenta e cinco côvados, segundo a medida dos homens, que é também a medida dos anjos. A muralha era de jaspe; a cidade mesma era de ouro puro, límpido como o vidro.

As pedras fundamentais da cidade estavam ornadas de toda a espécie de pedras preciosas. A primeira pedra fundamental era um jaspe, a segunda uma safira, a terceira uma calcedônia, a quarta uma esmeralda, a quinta uma sardônica, a sexta um sárdio, a sétima um crisólito, a oitava um berilo, a nona um topázio, a décima uma crisópraso, a undécima um jacinto, a duadécima uma ametista. Os doze portais eram doze pérolas, constando cada qual de uma só pérola. As ruas da cidade eram de ouro puro, diáfano como vidro.

Não vi templo nela. Deus, o Senhor, o Onipotente, o Cordeiro, é que são o seu templo. A cidade não necessita da luz do sol nem da lua. A glória de Deus é que lhe dá claridade.

A sua luz é o Cordeiro. Andam os povos ao seu fulgor, e os reis da terra entram nela com as suas magnificências. Não se fecham os seus portais de dia. E noite lá não existe. Serão nela introduzidos a magnificência e os tesouros dos povos. Mas não entrará nenhuma coisa impura, nem ímpio nem mentiroso, senão somente aqueles que estão escritos no livro da vida do Cordeiro.

A felicidade da nova Jerusalém. Passou a mostrar-me uma torrente de águas vivas, clara como cristal. Brotava do trono de Deus e do Cordeiro. No meio da sua praça e de uma e outra margem da torrente estava a árvore da vida. Frutifica doze vezes; produz fruto cada mês, as folhas da árvore dão saúde aos povos. Não haverá mais coisa maldita. Nela está o trono de Deus e do Cordeiro, e os seus servos o adoram. Contemplam-lhe a face e levam na fronte o seu nome. Não há mais noite. Não se precisa de luz de tocha nem de luz solar. Deus o Senhor é que é a sua luz. E reinarão pelos séculos dos séculos.

Conclusão do livro. Disse-me ele: "Merecem confiança e são verdadeiras estas palavras. Deus, o Senhor dos espíritos proféticos, enviou o seu anjo para revelar a seus servos o que há de acontecer em breve. Eis que não tardarei a vir. Bem aventurado aquele que tomar a peito as palavras proféticas deste livro!"

Eu, João, é que ouvi e vi estas coisas. E, depois de as ter ouvido e visto, caí aos pés do anjo que mas revelara, para o adorar. Ele, porém, me disse: "Não faças isto! Eu não passo dum servo como tu e teus irmãos, os profetas e os que tomarem a peito as palavras deste livro. A Deus, sim, adora".

E prosseguiu: "Não ponhas sob sigilo as palavras proféticas deste livro; porque o tempo está próximo. Continue o ímpio a cometer impiedades, continue o impuro a cometer impurezas; o justo, porém, se torne ainda mais justo, e o santo ainda mais santo.

Eis que não tardarei a vir. E comigo vem a minha recompensa para retribuir a cada um segundo as suas obras. Eu sou o alfa e o ômega, o primeiro e o último, o princípio e o fim. Bem-aventurados os que lavam as suas vestes! Terão direito à árvore da vida e a entrarem pelas portas da cidade. Mas ficarão fora os cães, os magos, os impuros, os assassinos os idólatras e todo o homem que ama e pratica a mentira.

Eu, Jesus, é que vos enviei meu anjo a fim de vos comunicar isto para as igrejas, Eu sou a raiz e o broto de Davi, a luminosa estrela d'alva. Digam o espírito e a esposa: Vem! E quem o ouvir responda: Vem! Quem tiver sede venha; quem desejar receberá de graça a água da vida".

Declaro a todo homem que tiver conhecimento das palavras proféticas deste livro: Quem lhes acrescentar alguma coisa, sobre esse mandará Deus cair os flagelos descritos neste livro. E quem tirar alguma das palavras deste livro profético, Deus lhe tirará o quinhão na árvore da vida e na cidade santa, das quais trata este livro.

Quem disto dá testemunho diz: "Sim, virei em breve". Amém. Vem, Senhor Jesus!

A graça do Senhor Jesus seja com todos os santos. Amém.

Notas explicativas

Aquele que é, e que há de vir — isto é, Deus, que abrange o presente, o passado e o futuro. Os sete espíritos designam o Espírito Santo com os sete dons (cf. Is 11, 2). Jesus Cristo é fiel testemunha da palavra de Deus; remiu-nos com o seu sangue e há de mostrar-se juiz terrível para com os ímpios. É o alfa e o ômega — primeira e última letra do alfabeto grego — isto é, o princípio e o fim de todas as coisas.

Patmos era uma ilha deserta do mar Egeu, para onde o imperador Domiciano desterrou o apóstolo São João por causa da pregação do evangelho.

As sete lâmpadas são as sete cristandades da Ásia Menor que possuem a luz da fé verdadeira. As sete estrelas são os respectivos pastores destas igrejas. São estrelas porque espargem os fulgores da revelação divina; são anjos tutelares das cristandades. E' Jesus Cristo que sustenta estas estrelas, quer dizer que recebem a luz deste sol divino.

O pastor de Éfeso juntamente com os seus será excluído da igreja de Cristo, se não voltar ao seu fervor primitivo. Os nicolaítas, aos quais mui louvavelmente, faz oposição, davam por lícita a luxúria e a manducação das carnes sacrificadas aos ídolos.

Smirna era a cristandade de São Policarpo (†155), discípulo de São João; pobre embora de bens materiais, é ela riquíssima em dons de Deus.

Pérgamo é designado sendo sede de Satanás em atenção à repelente idolatria que aí se prestava a Esculapio (Asclépio). É fato que diversos cristãos tinham abraçado a doutrina dos balaamitas. Aos fiéis, porém, é prometido um manjar delicioso e uma pedra branca, isto é, a eleição à eterna bem-aventurança.

Tiatira, cidade célebre por seu comércio de púrpura, pátria de Lídia (At 16, 14) tem uma igreja repleta de virtudes cristãs, mas tolera em seu meio uma heresia infame, que é chamada Jezabel, em atenção à conhecida mulher do rei Acab, a qual seduzia o povo à luxúria. Deus há de castigar os pecadores, ao passo que os justos receberão a estrela matutina da glória celeste.

O pastor de Sardes, embora tido por virtuoso, vive em pecado mortal. Pelo que o apóstolo o exorta a voltar ao fervor primitivo, para que não seja colhido de surpresa pelo juízo de Deus. Os poucos cristãos que, em Sardes, se haviam conservado puros, terão em recompensa a união eterna com Jesus Cristo.

Jesus Cristo dispõe das chaves da casa de Davi, isto é, do reino de Deus. Ninguém vem ao Pai senão por Jesus. O pastor de Filadélfia resistiu valorosamente aos judeus, pelo que presenciará a conversão de muitos deles. Todos os que perseveraram fiéis nas tribulações serão monumentos eternos das maravilhas de Deus.

O pastor de Laodicéia é censurado por causa da tibieza na vida espiritual e exortado a implorar o espírito da fé, da pureza e do conhecimento do seu estado moral

O vidente de Patmos descreve a majestade de Deus: o seu fulgor é semelhante ao das pedras preciosas; rodeiam o Altíssimo representantes do povo de Deus em vestes sacerdotais e ornatos régios; diante do trono eterno ardem, quais lâmpadas inextinguíveis, os sete dons do Espírito Santo; o pavimento parece todo de cristal puríssimo. Circundam o sólio divino os querubins, lembrando os seres criados mais perfeitos (cf Ez 1, 15, 8); estão cheios de olhos, quer dizer, que refletem a sabedoria e majestade de Deus, bendizendo-o eternamente; entoam nos hinos dos querubins os representantes do povo de Deus e depõem as suas coroas, em sinal de submissão.

O livro — que, antigamente, tinha a forma de rolo — contém os desígnios divinos sobre o futuro do reino messiânico na terra. Vem escrito dos dois lados, para indicar a abundância de vicissitudes que ele há de passar, no correr dos séculos. Está fechado com sete selos, porque os planos de Deus são profundíssimo mistério para a razão humana, mistérios que só o Filho de Deus, imolado inocente, poderá desvendar. E ele o Cordeiro de Deus que se entregou à morte pelos pecados do mundo. Os chifres simbolizam o poder; os olhos, a sabedoria de Cristo.

À solução dos quatro primeiros selos aparece de cada vez um cavaleiro. Vem o primeiro montado em corcel branco, laureado triunfador, simbolizando a vitoriosa justiça de Deus. O cavaleiro montado em cavalo cor de fogo significa a guerra, cheia de sangue e de incêndios. O cavaleiro do animal preto representa a fome e a carestia, que obriga a medir a ração para cada dia. O homem montado na cavalgadura amarela representa a morte, que vem fazer colheita para os seus celeiros, o inferno, que a vem seguindo.

O quinto selo insinua o martírio que os cristãos sofriam pela fé. Suplicam eles que Deus julgue os perseguidores para que acabe por sair triunfante o reino de Deus; mas têm de esperar até ao fim do mundo.

O sexto selo faz lembrar horríveis cataclismas da natureza, que encherão de terror os habitantes do globo.

O firmamento se afigura ao vidente como que uma tolda de tenda, ou como a folha dum livro que se desenrola.

Antes de romper a grande catástrofe, são assinalados os predestinados do judaísmo e do paganismo, que terão de sofrer como os outros, mas possuem a garantia da perseverança final. Os números não se entendem ao pé da letra, mas designam uma grande multidão (milhares; pelo que se identifica o sentido de "144.000" com o de "inumerável multidão").

O sétimo selo se desentranha em outras tantas trombetas, as quais são entregues a sete anjos para anunciarem os respectivos castigos.

A primeira trombeta anuncia fenômenos terríficos, prôdromos do juízo final: tempestades, erupções vulcânicas, meteoros, eclipses; mas tudo isto não passa de prelúdios de acontecimentos mais pavorosos.

A estrela significa um anjo mau que, com a permissão de Deus, derrama grandes calamidades sobre os ímpios.

Os gafanhotos (cf. H 1, 6; 2, 45) têm ordem de fazer mal, não às plantas, mas aos homens, razão por que vêm munidos de ferrão, de longe se parecem com uma nuvem; de perto, alguns apresentam forma de homem, outros de cavalo.

Apollyon — quer dizer: exterminador.

Das bandas do Eufrates vinham antigamente, os exércitos dos assírios e babilônios assolando as terras de Israel; dessas mesmas regiões vê o apóstolo romper as calamidades finais sobre o gênero humano.

À voz do anjo respondem, como outros tantos ecos, sete trovões, cujo sentido não foi interpretado ao vidente.

A exemplo do profeta Ezequiel, tem o apóstolo de engolir um livro, quer dizer, assimilar o conteúdo; é lhe doce e agradável receber uma revelação de Deus, porém, amargo transmiti-la ao povo, por ser de significação lutuosa.

O templo será defendido da profanação pagã, ao passo que os átrios do mesmo e a cidade de Jerusalém serão entregues ao arbítrio deles, por espaço de 42 meses. Durante este período aparecerão dois profetas para pregar a penitência: mas acabarão por ser assassinados por instigação de Satanás e os seus corpos serão deixados sem sepultura; não tardarão, porém, a ressuscitar aos olhos de todos e subir ao céu, por entre grandes terremotos. Jerusalém se parecerá com Sodoma e o Egito, quanto à perseguição dos mensageiros de Deus.

Ao som da última trombeta entra a realizar-se tudo que foi anunciado em 12, 1-22, 5; e, antes mesmo que na terra se executem os desígnios de Deus, já no céu se celebra a vitória do Altíssimo sobre o mundo anticristão.

A mulher em questão é a igreja, que aparece sob a figura da mãe de Jesus. A igreja de Cristo traz no seio uma vida nova, com o que redobra o furor do dragão. Entra ele em conflito com o arcanjo São Miguel e seus anjos, que acabam por expulsá-lo do reino de Deus. Cheio de cólera, volta-se o dragão contra a igreja; mas em vão, porque ela está sob a proteção de Deus.

A fera que sobe do seio do mar de povos (cf. Dn 7) é o anticristo.

A fera que vem da terra e auxilia a primeira é a doutrina falsa e a sabedoria mundana, aliadas do anticristo. Quem não lhe prestar culto é excluído do convívio civil e social.

Não consta da significação deste número 666; é de notar que em hebraico e grego os números são ao mesmo tempo letras do alfabeto, resultando, assim um nome determinado.

A inumerável multidão dos bem-aventurados do céu (144.000 = milhares) vem representada sob a forma de virgens (cf. Mt 25, 1-13), para indicar a absoluta pureza dessas almas.

O primeiro anjo previne os homens, o segundo anuncia a queda da metrópole do mundo anticristão, o terceiro comunica o castigo iminente.

O anjo antecipa o fato da queda de Babilônia, cuja realização histórica passa por todos os cinco capítulos seguintes.

A humanidade está madura para a colheita, isto é, para o juízo final. As uvas maduras vão para o lagar: o seu sangue se derrama pelo mundo por mais de 310 km.

As sete pragas que seguem fazem lembrar as do Egito (Êx. 7, 10).

Secou o Eufrates, que opunha barreira aos exércitos invasores. As potências do abismo iludem os príncipes e os levam à perdição. Do mesmo modo que os reis de Canaã foram derrotados pelos israelitas em Armagedon (isto é: monte de Magedon, ou Megido — Jz 5, 19), assim hão de todos os reis da terra encontrar o seu Armagedon.

Vem a metrópole do mundo anticristão personificada por uma mulher impura e sanguinária, que arrasta à luxúria e à idolatria os reis e os povos da terra. Serve de tipo a Roma pagã. O anticristo, levado de ciúmes, destrói tudo.

Um anjo de Deus proclama a catástrofe da metrópole anticristã como já realizada; ao que outra voz do céu concita os fiéis a abandonarem a cidade, passando a descrever a decepção dos negociantes e marinheiros, à vista das ruínas, por fim, outro anjo, lançando ao mar uma mó, representa ao vivo a perdição final da cidade perversa.

Ao som de hinos e cânticos celebram os eleitos o poder a majestade e a justiça de Deus manifestada no juízo sobre a metrópole anticristã prevendo o dia em que a igreja entrará com o divino Esposo no reino da eterna glória. Contrasta suavemente, com a imunda meretriz manchada de sangue, o imaculado fulgor e a túnica alvíssima da Esposa de Cristo. Montado em corcel cor de neve, ladeado dos exércitos celestes, sai Jesus Cristo, em marcha triunfal; os seus olhos, de brilho intenso, perscrutam todos os mistérios do universo; o seu nome é insondável arcano; vem com as vestes tintas de sangue, porque acaba de abandonar o campo de batalha; empunha um cetro de ferro e pisa o lagar, isto é, exerce juízo sobre os povos.

É precipitado no inferno Satanás e são paralisadas as suas maquinações sobre a terra, em virtude da redenção de Cristo.

Em lugar da cátedra de Satanás se ergue o trono de Cristo, cujo domínio abrange mil anos, isto é, um período de longa duração, do 1º ao 2º advento. É de caráter espiritual esse domínio. O demônio já não tem poder sobre os fiéis, que são preservados da morte eterna.

Pouco antes do fim do mundo será solto Satanás. Leva aos povos Gog e Magog à luta contra a igreja, não tardando porém, a ser destruído o seu poderio e lançado no fogo ele com seus sequazes.

Do seio da criação, purificada do pecado, surge um novo céu e uma terra nova, digno habitáculo da verdadeira Jerusalém, que é a igreja. Nela estabelece Deus a sua morada, banindo todas as dores e mágoas. Os pecadores não terão parte na felicidade.

O sentido de toda essa descrição da celeste Jerusalém é que ela é de inconcebível grandeza e formosura.

Deliciam aos habitantes da celeste Jerusalém as suavidades do paraíso; saciam-nos torrentes de inefável beatitude, e o fruto dulcíssimo da visão de Deus lhes comunica a vida eterna.

São confirmadas como exatas as revelações anteriores, tendo por autor o próprio Deus, e que também iluminava os profetas. Nem tardarão elas a ter o seu cumprimento; pelo que será ditoso quem tomar a peito o conteúdo deste livro e aproveitar a brevidade do tempo para se santificar cada vez mais. Por isso, urge que o homem se purifique dos seus pecados e vícios, a fim de ter ingresso na cidade de Deus, onde não entrarão os impenitentes, nem os imundos ("cães").

A igreja, esposa de Cristo, repleta do Espírito Santo, anseia pelo advento do divino Esposo, anseio esse que deve ser o de todo o cristão.

Despede-se Jesus do apóstolo com as palavras: "Sim, virei em breve", ao que o vidente responde cheio de ardor: "Vem, Senhor Jesus!"

Veio esta palavra a tornar-se, desde então, o brado de saudades da igreja de Jesus Cristo.

(In: *Novo Testamento*, tradução e notas de Huberto Rohden, Editora Freitas Bastos, Rio de Janeiro, 1969.)

A virgem coroada

"O novo céu e a nova terra. Vi então um novo céu e uma nova terra. O primeiro céu e a primeira terra lá se foram; e o mar já não existe. E eu vi a cidade santa, a nova Jerusalém, descendo do céu da parte de Deus, preparada com uma noiva adornada para seu noivo."

Ilustração: Gustave Doré

A ARTE DE VIVER

MARTIN CLARET - Empresário, editor e jornalista. Nasceu na cidade de Ijuí, RS. Presta consultoria a entidades culturais e ecológicas. Na indústria do livro inovou, criando o conceito do livro-*clipping*. É herdeiro universal da obra literária do filósofo e educador Huberto Rohden. Está escrevendo o livro *O Infinito Jogo da Vida — Novas Tecnologias para Atualização do Potencial Humano*. (1928 -   )

"

Céu e inferno são estados da mente humana. Viver num ou noutro é uma opção individual.

"

A ARTE DE VIVER

Michelangelo
(1475-1564)

E scultor insuperável, pintor que revolucionou a concepção da pintura mural, poeta, arquiteto; a obra de Michelangelo o coloca, ao lado de Leonardo da Vinci, como o maior nome do Renascimento.

Nasceu perto de Arezzo, Itália, a 6 de março de 1475, de uma antiga família patrícia empobrecida. Malgrado a oposição paterna, entra aos 13 anos no *atelier* de Ghirlandaio, onde aprende a técnica do afresco, e depois no *atelier* do escultor Bertoldo. Ao ser notado por Lourenço de Medici, ganhou sua proteção e, até a morte do Magnífico (1492), conviveu com a elite de humanistas, poetas e artistas que compunha sua corte.

Em Florença, esculpe o *Cupido Adormecido*

(1495) vendido ao Cardeal Riaria, que logo o chama para Roma. Ali desenvolve seus conhecimentos estudando os monumentos e vestígios da antiguidade clássica. Esculpe o *Baco Bêbado*, a *Pietá* da Basílica de São Pedro e a *Virgem com a Criança*, de Bruges. De volta a Florença, talha em mármore o famoso *Davi* (1501). Nesta época pinta o único quadro que dele restou: *A Sagrada Família*.

Em 1505, é novamente chamado a Roma pelo Papa Júlio II, a fim de erigir seu túmulo. O artista concebe um imenso mausoléu, no qual trabalharia 37 anos, com sucessivas interrupções, até concluí-lo em 1545. Júlio II não era mais o personagem principal, e sim o formidável *Moisés*.

O mesmo Júlio II lhe faz inopinadamente outra encomenda: a decoração do teto da Capela Sistina. Michelangelo hesita. Finalmente, em maio de 1508, tomado de entusiasmo e inspiração, entrega-se sozinho à obra. Seu tema é o destino da humanidade, e seu espírito arrebatado recria, por assim dizer, a obra do Criador. Mais tarde (1536-1541), Michelangelo pintará, no retábulo da Capela, o *Juízo Universal (vide ilustração na capa deste livro)*.

Desde então, Michelangelo abandonou a escultura — a não ser quando, em 1555, esculpe uma *Deposição* para a Catedral de Florença. Também não se dedica à pintura. Será apenas arquiteto: projeta o *Capitólio*, a *Porta Pia*, a de *Santa Maria dos Anjos*, e finalmente labora durante quinze anos como arquiteto da Basílica de São Pedro, onde seu gênio alcançou o apogeu.

Trabalha até não conseguir mais levantar-se do leito. Aos 80 anos, escreveu: "Não nasce em mim nenhum pensamento onde a morte não seja, por assim dizer, esculpida". Nove anos mais tarde, ao falecer a

18 de fevereiro de 1564, os florentinos roubam seu corpo ao Papa, e o levam para Florença, onde o túmulo de Michelangelo se ergue ao lado do monumento a Dante.

Principais datas

1475 - 6 de março: nasce em Caprese, perto de Florença.
1481 - tendo falecido a mãe, é entregue aos cuidados de uma ama de leite, cujo marido cortava mármore.
1488 - entra, como aprendiz, no estúdio de Domenico Guirlandaio, mestre da pintura de Florença.
1489-92 - freqüenta a escola de escultura mantida por Lourenço, o Magnífico.
1494 - revolução em Florença; fuga para Veneza.
1501 - volta a Florença; esculpe *Davi*.
1504 - por esta época, pinta *A Sagrada Família*, mais conhecida como *Tondo Doni*; é a primeira pintura sua de que se tem notícia.
1505 - março: o Papa Júlio II chama-o a Roma.
1508 - termina uma estátua de Júlio II em Bolonha; 10 de maio: começa a decoração da Capela Sistina.
1516 - o novo Papa, Leão X, incumbe-o da edificação da fachada da Igreja de São Lourenço, em Florença.
1527 - guerra em Florença; Michelangelo colabora nos projetos para a defesa da cidade.
1534 - deixa Florença ; vive em Roma.
1536-41 - pinta os afrescos do *Juízo Universal* na Capela Sistina.
1545 - completa, por fim, o monumento a Júlio II.
1550 - termina os afrescos da Capela Paulina
1564 -18 de fevereiro: morre em Roma.

A ARTE DE VIVER

Última Mensagem

Martin Claret

E ste livro-*clipping* é uma experiência educacional. Ele vai além da mensagem explícita no texto.
É um livro "vivo" e transformador.
Foi construído para, poderosamente, reprogramar seu cérebro com informações corretas, positivas e geradoras de ação.
O grande segredo para usá-lo com eficácia é a aplicação da mais antiga pedagogia ensinada pelos mestres de sabedoria de todos os tempos: A REPETIÇÃO.
Por isto ele foi feito em formato de bolso, superportátil, para você poder carregá-lo por toda parte, e lê-lo com freqüência.
Leia-o, releia-o e torne a relê-lo, sempre.
Invista mais em você mesmo.
Esta é uma responsabilidade e um dever somente seus.
Genialize-se!